신문, 읽을까 클릭할까?

청소년 지식수다 2

신문,
읽을까
클릭할까?

마리용 기요 지음 | 이은정 옮김 | 김민하 감수

와, 이건 정말 특종감이군!

찰칵

내인생의책

텔레비전이 없었을 때는 어떻게 세상 곳곳에서 벌어지는 사건의 소식을 들을 수 있었을까? 신문이 뉴스를 전달했을 거라는 대답이 쉽게 떠오른다. 텔레비전 뉴스가 없었던 시절에는 매일 아침 배달되는 신문을 통해 지난밤에 무슨 일이 있었고, 누가 어떤 말을 했는지 알 수 있었다. 하지만 요즘에는 아침 식탁에서, 출근길 지하철에서, 사무실 책상에서 커다란 종이 신문을 넘기는 사람들의 모습을 발견하기 어렵다. 텔레비전 뉴스가 신문 기사를 완전히 대체했기 때문만은 아니다. 종이 신문 대신 스마트 폰과 컴퓨터를 이용하여 인터넷 신문 기사를 읽는 독자가 많아졌기 때문이다.

이 책은 오늘날, 즉 인터넷이 대중화된 뉴미디어 시대의 신문을 종합적으로 고찰한다. 우선 기자의 역할에서부터 신문이 만들어지는 과정, 그 과정과 관련된 다양한 요소까지 세세한 관찰과 경험을 바탕으로 설명한다. '신문'하면 자동으로 떠오르는 대중의 고정관념을 깨뜨리기 위해서다. 우리는 보통 신문을 기자가 만든다고 생각한다. 하지만 이 책은 한 부의 신문을 제작하기 위해 기자를 비롯한 수많은 사람이 유기적으로 얽혀 일하고 있다는 점을 생생하게 알린다.

그렇다고 이 책이 단순히 신문 제작에 관여하는 광고, 홍보 담당자, 정보원, 인쇄 노동자 등을 조명하는 데서 그치는 것은 아니다. 저자는 현재 신문이 사회에서 차지하는 지위와 역할이 어떻게 성립되었는지에 대해서도 통시적으로 조망한다. 사실 신문의 지위는 과거보다 많이 낮아졌다. 언론 산업이 성장하면서 많은 문제점이 모습을 드러냈기 때문이다. 이 책은 언론 재벌이나 지역 신문의 위기, 신문의 독립성, 언론에 대한 신뢰도, 기자의 객관성처럼 비판과 논쟁의 소지가 다분한 다양한 이슈에 관한 풍자적 접근을 시도하며 이러한 문제점을 지적한다.

독자는 추상적인 이론이 아니라 워터게이트 사건, 위키리크스, 요미우리 신문 같은 실제 사례에 기반을 두어 언론의 가치를 역설하는 이 책을 통해 쇠퇴하는 종이 신문의 역할에 대한 현실적인 고민을 하게 될 것이다. 청소년 독자들이 이 책을 통해 우리 곁의 언론을 비판적이고 애정 어린 시선으로 바라보게 되기를 소망한다.

김민하 성균관대학교 신문방송학과 교수

나는 글을 쓰는 신문 기자고, 이 직업을 매우 사랑한다. 그런데 취재를 하거나 직업 설명회를 하러 중학교에 가면 학생들은 나에게 카메라는 어디 있느냐고 묻는다. 그러면 나는 기자 수첩과 볼펜을 보여준다.

내가 한창 기사의 마지막 줄을 쓰고 있을 때 이네스라는 아이가 조심스레 내 자리로 다가와 물었다. 이네스는 내가 일하는 신문사에서 체험 학습을 한 14살짜리 아이다.

"이 서류 더미가 대체 어디에 쓰이는 건지 알려 주실 수 있나요?"

치아 교정기를 한 이네스는 한 손에 메모장을 들고 열심히 내 대답을 들었다. 그때 내가 이네스에게 해 주었던 이야기의 일부가 이 책에 실려 있다. 이네스는 계속해서 질문했다.

"신문의 광고는 어떤 과정을 거쳐 실리게 되나요? 어떻게 기자들은 앞으로 무슨 일이 벌어질지 미리 알 수 있지요?"

그다음 주에는 로뱅이라는 15살짜리 아이가 찾아와서 내게 다른 질문들을 던졌다.

"《르 몽드》 신문은 진보인가요, 보수인가요? 기자는 객관적이라고 할 수 있나요?"

이쯤 되자 나는 이 책의 효용을 의심하지 않게 되었다. 이네스와 로뱅을 비롯한 청소년들의 다양한 궁금증이 이 책을 통해 해결될 수 있었으면 한다.

기자라는 직업에 대한 많은 선입견이 있다. 어떤 선입견은 기자라는 직업의 우아하지 못한 이면(외부에서 들어오는 뇌물, 광고 영업에 대한 압박, 홍보 담당자와의 관계 등) 때문에 생기고, 어떤 선입견은 기자가 독립적으로 일할 수 없는 상황 때문에 생긴다. 게다가 보통 사람들은 기자를 격려하고 존중하기보다 비난한다. 사람들은 언제나 잘 모르는 것에 대해 과장해서 나쁘게 말하니까. 물론 기자에게 비난받을 만한 점이 전혀 없지는 않다. 하지만 기자 역시 하루하루 정직하게 일하기 위해 노력하는 사람이다. 이 책을 통해 청소년들이 기자라는 직업을 무작정 비난하지 않고, 더 나아가서는 좋아하게 되기를 바란다.

신문 제작에는 매우 다양한 사람들이 참여한다. 하지만 영업 담당, 편집 기자, 인쇄공을 제치고 글을 쓰는 기자만 주목을 받는다. 게다가 우리는 신문을 제작하는 사람들 중 기자를 제외한 다른 이들의 존재를 너무 쉽게 잊는다. 이 책을 통해 신문의 발행 과정에 참여하는 모든 사람이 골고루 조명을 받았으면 좋겠다.

차 례

차 례

사건·사고

사람들은 사건·사고를 전문으로 다루는 기자에 대해 이런저런 상상을 한다. 사람들의 상상 중 무엇이 진실이고 무엇이 거짓인지 밝혀 보자.

Accident

첫 번째 상상. 사건·사고 기자는 어릴 적에 기자가 아니라 경찰을 꿈꾸었을 수도 있다.

진실! 사건·사고 기자는 경찰과 거의 비슷한 일을 한다. 하지만 기자는 경찰보다 정보원에 대한 접근이 제한적인 때가 많다. 그리고 그 점이 사건·사고 기자를 좌절하게 만들기도 한다.

두 번째 상상. 사건·사고 기자는 정보를 얻기 위해 정보원이나 목격자에게 뒷돈을 준다.

거짓! 대부분의 기자는 따로 돈을 주고 정보를 얻지 않는다. 사건의 목격자가 기자에게 사건 현장 사진을 얼마에 사겠느냐고 흥정하는 일이 있기는 하다. 이러한 상황은 사건·사고 기자 세계에서 돈을 주고 정보를 사는 일이 아예 없지는 않다는 증거일 수도 있다.

세 번째 상상. 사건·사고 기자는 선글라스를 쓰고, 나지막한 목소리로 말한다.

거짓! 사건·사고 기자라고 해서 새벽 1시에 지하 주차장에서 은밀히 만나자는 약속을 하지는 않는다. 변호사나 형사를 사적으로 만날 때는 다른 사람 눈에 띄지 않도록 조심하기는 한다.

네 번째 상상. 사건·사고 기자는 '무엇이든 끝까지 파헤쳐 보자.'라는 주의다.

거짓! 기자는 목격자가 이야기하고 싶지 않다고 하면 인터뷰를 강요하지 않는다. 그리고 어떠한 정보를 얻으면 자신이 언론에 그 정보를 발표함으로써 혹시 경찰의 수사 진행을 방해하게 되지는 않을지 생각해 본다. 미성년 용의자나 피해자의 이름은 무조건 가명으로 표기한다.

다섯 번째 상상. 사건·사고 기자는 여기저기 돌아다니며 소문을 캐고 다닌다.

진실! 하지만 좋은 의미에서다. 사건·사고 기자는 '진짜' 현장 조사를 해야 하고, 아주 빠르게 뉴스를 낚아채야 한다. 사건·사고 기사를 쓰는 것이야말로 기자라는 직업의 정수 그 자체다. 큰 사건의 경우 목격자 1명의 진술을 들으려고 150명이나 되는 기

다 같은 사건·사고가 아니야

과거에는 다리 밑에서 이야기꾼이 전해 주던 사건·사고 소식이 다양한 신문과 잡지가 등장하면서 기사로 실리기 시작했다. 기사 속 사건은 하나같이 불행하고 비극적이다. 교통사고, 살인, 절도, 연인들의 파국, 납치……. 상대적으로 중요도가 낮거나 규모가 작은 사건들은 '사건·사고'라는 이름을 달고 하나의 지면 안에 밀어 넣어진다. 한 단체의 실상을 폭로하거나 유명인이 얽힌 사건일 경우에만 특별히 더 자세하게 다룬다.

자가 기다리기도 한다. 가끔은 줄을 서야 할 때도 있다.

여섯 번째 상상. 사건·사고 기자는 경찰서에서 대부분의 시간을 보낸다.

진실! 사건·사고 기자는 공식 정보원을 통해 연락망을 확보한다. 공식 정보원으로는 국방부, 사건 담당 형사, 경찰 등이 있다. 그리고 검사나 변호사를 만나기 위해 열심히 법원을 들락거리기도 한다.

● **연관 키워드**

사건·사고 | 광고 | 홍보 담당자 | 이중 매체 | 블로거 | 단신 | **지역 신문** | 언론 재벌 | 의심 | 멸종 | 축제 | 프리랜서 기자 | 무가지 | 구텐베르크 | 벌집 | 수입 | 독립성 | 정보 전달 | 기자 | 정글 | 가판대 | 1881년 7월 29일 법 | 알베르 롱드르 | 매그넘 | 마케팅 | 탄생 | 뉴스 통신사 | 객관성 | 피플 | **프티 주르날** | 프레스 투어 | 자질 | 위험 | 풍자 | 특종 | 구독자 | 국가 보조금 | 땡땡 | 트위터 | 지하신문 | 노동조합 | 효용성 | 직업윤리 | 워터게이트 | **위키리크스** | 정보원 | 요미우리 신문 | 에밀 졸라

광고

신문에 광고 지면을 처음 도입한 인물은 '근대 언론의 아버지'라고 불리는
프랑스인 에밀 드 지라르댕이다.

Advertisement

1836년 파리에서 《라 프레스》라는 일간지가 창간되었다. 당시 이 신문은 경쟁지의 반값에 팔렸다. 어떻게 한 것일까? 《라 프레스》의 창립자 에밀 드 지라르댕이 새로운 수입원을 찾아냈기에 가능한 일이었다. 규모가 큰 회사나 브랜드에게 신문의 지면을 판매해서 그 공간에 광고를 낼 수 있게 한 것이다. 이렇게 해서 신문 광고가 탄생했다!

요즘도 광고 수익은 신문을 포함한 언론 매체 수입의 절반가량을 차지한다. 광고는 어떻게 신문의 문턱 안으로 들어올 수 있었을까?

간단히 말하면 상부상조의 결과다. 한편에는 자신들의 활동을 대중에게 널리 알려야 하는 각종 기업과 브랜드가 있다. 다른 한편에는 광고 수익이 필요한 신문사가 있다. 기업은 홍보 계획을 세울 때 신문의 광고 지면을 구입하는 일을 빼놓지 않는다. 브랜드를 소유한 기업은 이미 자신의 상품을 어떠한 신문 지면에 노출해야 좋을지 알고 있다. 이때 기업의 홍보 담당자가 신문사와 기업 사이에서 중간 다리 역할을 한다(홍보 담당자에 대해서는 뒤에서 더 자세히 다룬다).

신문사에 소속되어 일하거나 광고 회사를 통해 외주로 일하

는 광고 담당자도 있다. 광고 담당자는 신문사 편집국장에게 전
화를 걸어서 어떤 브랜드의 광고를 '따냈다'는 사실을 알려 준
다. 그러면 편집국장은 광고에 맞추어 신문 레이아웃을 짜기 위
해 머리를 쥐어뜯는다. 모든 브랜드는 자신의 상품 광고가 좋은
자리에 실리기를 원하기 때문이다. 가장 인기가 많은 자리는 신
문의 1면과 마지막 면이다. 편집국장은 광고주가 원하는 자리를
마련해 주기 위해 마지막 순간까지 신문의 레이아웃을 수정하기
도 한다. 편집국장에게 다른 선택권이 있을까? 절대 없다! 게다

가 광고 회사는 앞으로 발행될 기사의 주제를 미리 알려 달라고 요구한다. 신문 기사의 내용과 연관된 제품을 파는 기업에게 광고 지면을 판매하기 위해서다. 광고주는 가능한 한 많은 독자를 자신의 고객으로 만들 수 있을 만한 자리에 광고를 내고 싶어 한다. 예를 들어 고양이 사료를 판매하는 기업은 고양이에 대한 기사 근처에 자신의 광고가 실리기를 원한다.

광고가 신문 편집에 그렇게까지 강력한 영향력을 발휘할까? 가끔은 그렇다. 때때로 광고주는 편집국장이나 기자에게 일정한 선을 넘는 강압적인 요구를 한다.

●연관 키워드

사건 · 사고 | 광고 | 홍보 담당자 | 이중 매체 | 블로거 | 단신 | 지역 신문 | 언론 재벌 | **의심** | 멸종 | 축제 | 프리랜서 기자 | **무가지** | 구텐베르크 | 별집 | 수입 | 독립성 | 정보 전달 | 기자 | 정글 | 가판대 | 1881년 7월 29일 법 | 알베르 롱드르 | 매그넘 | **마케팅** | 탄생 | 뉴스 통신사 | 객관성 | 피플 | 프티 주르날 | 프레스 투어 | 자질 | 위험 | 풍자 | 특종 | 구독자 | 국가 보조금 | 땡땡 | 트위터 | 지하신문 | 노동조합 | 효용성 | 직업윤리 | 워터게이트 | 위키리크스 | 정보원 | 요미우리 신문 | 에밀 졸라

홍보 담당자

어떤 인물과 인터뷰 약속을 잡고 싶거나 어떤 기관에 대한 정보를 수집해야 할 때, 기자는 대체로 홍보 담당자와 접촉하는 과정을 거친다.

시청, 놀이공원, 텔레비전 방송국 같은 기관이나 정치인, 배우, 스포츠 선수 등의 유명 인사는 언론과의 관계 구축을 위해 전문 매개인을 활용한다. 매개인의 역할은 자신이 담당하는 기관이나 기업, 인물을 홍보해서 언론 매체의 관심을 끄는 일이다. 이 매개인을 '홍보 담당자'라고 한다.

홍보 담당자가 일하는 방식은 다양하다. 어떤 홍보 담당자는 기관이나 기업의 홍보실 같은 특정 부서에 소속되어 일하고 어떤 홍보 담당자는 혼자서 일한다. 일하는 방식은 다양하지만 모든 홍보 담당자는 똑같은 도구를 사용하며 자신의 임무를 수행한다.

가장 기본적인 도구는 보도 자료다. 보도 자료는 어떤 사실이나 새로운 상품에 기자의 이목을 집중시키기 위해 작성하는 짧은 문서다. 대부분의 경우 홍보 담당자는 이메일을 사용해서 기자에게 보도 자료를 보내는데, 각 신문의 주요 구독자 층, 해당 기자가 전문적으로 다루는 분야 등 매체와 기자의 특징을 고려하여 첨부 파일의 형태로 보낸다. 언론 매체의 관심을 끌기 위한 다른 수단으로는 프레스 키트(Press kit)가 있다. 프레스 키트는 보도 자료보다 더욱 다채롭다. 사진과 유인물 같은 내용물을 골고루 담고 있기 때문이다. 그래서 프레스 키트만 보아도 해당 상품이나 행사에 대해 충분히 파악할 수 있다.

보도 자료나 프레스 키트 중 무엇을 보냈든지 홍보 담당자는 기자에게 자주 전화를 걸어서 정보를 잘 받아 보았는지, 그 내용에 대해 기사를 쓸 생각이 있는지를 확인한다. 물론 이 모든 일에는 요령이 필요하다. 기자들은 홍보 담당자에게 압박을 받고 있다는 느낌을 견디지 못하니까. 최악의 경우 압박을 견디지 못한 기자가 달아나 버리기도 한다. 어떤 홍보 담당자는 기자 사이에서 완전히 찰거머리로 소문이 나서, 그 담당자의 번호가 뜨면 기자들이 아예 전화를 받지 않는 경우도 있다. 어떤 홍보 담당자는 취재 과정에 사사건건 간섭하거나 심지어 인터뷰 대상자 대신 자신이 나서서 답변하기도 한다. 기자 입장에서는 정말 짜증 나는 일이다!

홍보 담당자는 기자 회견을 열어 기자를 초대하기도 한다. 이때 회견 장소를 세심하게 선택하는데, 가끔은 아주 화려한 장소를 마련한다. 이런저런 '포장'에도 신경을 써야 하기 때문이다. 기자 회견장에는 언제나 간식거리와 음료가 가득 준비되어 있다.

기자와 홍보 담당자는 기자 회견 같은 공식적인 만남 외에도 점심을 함께 먹거나 하며 좀 더 특별한 관계를 맺는 경우가 많다. 한 기자는 이렇게 인정했다.

"홍보 담당자와 표면적인 관계를 유지하곤 한다. 사건이 터졌을 때 가장 먼저 나에게 정보를 주었으면 하는 욕심에 가식적으로 친하게 지내는 경우도 있다."

  하지만 결국 기자와 홍보 담당자는 각자 자신의 일을 수행하기 위해 서로를 필요로 하는 공생 관계다.

최초의 보도 자료

'홍보의 아버지'로 불리는 아이비 리는 1906년 열차 탈선 사고를 낸 철도 회사를 대신해 처음으로 보도 자료를 썼다. 이미 발생한 사고에 대한 진실을 애써 감추려고 하기보다는 파악한 모든 사실을 발표하여 괜한 루머를 잠재우려는 의도였다.

● 연관 키워드

사건·사고 | 광고 | 홍보 담당자 | 이중 매체 | 블로거 | 단신 | 지역 신문 | 언론 재벌 | 의심 | 멸종 | 축제 | 프리랜서 기자 | 무가지 | 구텐베르크 | 벌집 | 수입 | 독립성 | 정보 전달 | 기자 | 정글 | 가판대 | 1881년 7월 29일 법 | 알베르 롱드르 | 매그넘 | 마케팅 | 탄생 | 뉴스 통신사 | 객관성 | **피플** | 프티 주르날 | **프레스 투어** | 자질 | 위험 | 풍자 | 특종 | 구독자 | 국가 보조금 | 땡땡 | 트위터 | 지하신문 | 노동조합 | 효용성 | **직업윤리** | 워터게이트 | 위키리크스 | 정보원 | 요미우리 신문 | 에밀 졸라

이중 매체

이중 매체가 뭐냐고? 오늘날 종이 신문에 실린 기사는 모두 웹상에도 동시에 존재한다는 뜻이다.

Bimedia

사실 이중 매체가 아니라 다중 매체라고 할 수도 있다. 우리는 언젠가부터 컴퓨터로는 물론이고 스마트 폰이나 태블릿 PC로도 신문을 읽고 있으니까.

한국에서는 1990년대 중반에 처음으로 인터넷 뉴스 사이트가 생겨났다. 하지만 그때까지만 해도 인터넷이라는 새로운 뉴스 전달 매체가 많은 대중을 끌어들이지는 못했다. 더구나 당시에는 지금과 달리 인터넷을 사용하는 사람이 많지 않았다. 그러나 한국의 인터넷 사용 인구는 빠른 속도로 증가해 2011년에는 4,000만 명을 돌파했다. 모바일 기기를 통한 인터넷 접속 시간은 하루 평균 1시간 34분이라고 한다. 이제 엄청나게 많은 사람이 인터넷을 통해 뉴스를 접하게 된 것이다.

이 혁명을 어떻게 설명할 수 있을까? 기술의 진보는 새로운 뉴스를 만들어 냈다. 인터넷의 데이터 전송 속도가 빨라진 덕분에, 유튜브와 페이스북이 생겨난 덕분에, 스트리밍 기술이 발전한 덕분에, 팟캐스트와 블로그의 탄생 덕분에……. 이 모든 기술 발전에 힘입어 새로운 형태의 뉴스 매체가 나타났다.

이중 매체의 등장은 한편으로 복잡한 세계정세 덕이기도 하다. 특히 현대 사회의 거대한 재앙은 뉴스에 대한 새로운 요구를 불러 일으켰다. 2001년 미국에서 9·11 테러가 일어난 직후 전 세계는 너도나도 쌍둥이 빌딩이 무너지는 장면을 보고 또 보려고 했고, 분석하려 했고, 대체 뉴욕에서 무슨 일이 벌어진 것인지를 정확히 알고 싶어 했다. 2004년 인도양에서 쓰나미가 발생했을 때 같은 현상이 반복되었고 2010년 아이티 지진과 2011년 후쿠시마 원전 사고 때는 더욱 크게 증폭되었다.

뉴스의 형식 면에서도 모든 것이 변했다. 오늘날의 뉴스는 하이퍼텍스트 링크, 설문 조사, 슬라이드 이미지, 편집된 동영상, 효과음 등 다양한 요소가 섞여 구성된 결과물이다. 뉴스 매체의

사이버 독자와 참여 저널리즘

모니터 앞에 앉아 있거나 태블릿 PC, 스마트 폰을 들고 있는 사이버 독자는 스스로 뉴스를 생산하기도 한다. 이것을 '참여 저널리즘'이라고 부른다. 사이버 독자는 인터넷 기사에 댓글을 남기고, 뉴스 사이트가 제공하는 블로그 계정을 만들어 활동하며, 특정 사건에 대해 직접 증언하기도 한다. 독자도 각종 사안에 대한 각자의 의견이 있고 누군가 자신의 의견을 들어주기를 바란다. 유수의 언론 매체들은 일찌감치 그 사실을 간파했다. 그리고 계속해서 새로 만들어지는 사이버 독자 커뮤니티를 관리하고 활성화시키기 위해 '커뮤니티 운영자'를 모집하기 시작했다. 커뮤니티 운영자는 인터넷의 발달로 인해 생겨난 언론계의 새로운 직종이다.

변화에 대응하기 위해 기자는 사이버 기자로 변신했다. 이제 기자는 기사 작성은 물론이고 사진, 동영상, 인포그래픽까지 만들어야 한다.

인터넷 매체의 기자는 거의 실시간으로 뉴스를 생산한다. 그러다 보니 사건과 일정한 거리를 두고 정보를 해독할 만한 시간이 거의 없다. 인터넷 기자의 일은 흥미진진한 한편 위험 요소도 크다. 게다가 인터넷 기자는 긴장감 속에서 일하면서 멀티태스킹으로 사이버 독자에게 답변도 해 주어야 하고, 자신의 블로그도 따로 관리한다. 이 모든 일을 동시에 처리하다 보면 정보의 가치를 가늠하고 검증하는 기자라는 직업의 본질이 훼손될 위험이 커진다.

● 연관 키워드

사건 · 사고 | 광고 | 홍보 담당자 | 이중 매체 | **블로거** | 단신 | 지역 신문 | 언론 재벌 | 의심 | 멸종 | 축제 | 프리랜서 기자 | 무가지 | 구텐베르크 | 벌집 | 수입 | 독립성 | 정보 전달 | **기자** | 정글 | 가판대 | 1881년 7월 29일 법 | 알베르 롱드르 | 매그넘 | 마케팅 | 탄생 | 뉴스 통신사 | 객관성 | 피플 | 프티 주르날 | 프레스 투어 | 자질 | **위험** | 풍자 | 특종 | 구독자 | 국가 보조금 | 땡땡 | 트위터 | 지하신문 | 노동조합 | 효용성 | 직업윤리 | 워터게이트 | 위키리크스 | 정보원 | 요미우리 신문 | 에밀 졸라

블로거

Blogger

블로거가 기자의 독점적 지위를 위협하고 있다는 점은 확실하다. '튀니지 소녀'처럼 말이다.

Blogger

2011년 봄, 아랍 국가에서 일어난 폭동과 맞물려 블로거의 활약이 눈에 띄기 시작했다. 지금 튀니지에서 무슨 일이 벌어지고 있는지 알고 싶을 때 사람들은 전문 기자의 기사를 읽기보다 리나 벤 메니, 일명 '튀니지 소녀'의 블로그를 찾았다. 리나 벤 메니는 블로그에 튀니지 대통령의 인권 탄압을 고발하는 글을 올렸고 튀니지의 실상을 알렸기 때문이다.

패션, 미용, 영화, 정치, 원예……. 블로거가 다루지 못할 분야는 없다. 이 책의 일러스트를 그린 니콜라 와일드도 아프가니스탄과 이란에서의 일상을 블로그에 만화로 그리고, 자신의 블로그를 여행 일지처럼 사용한다. 취재 기자나 사진 기자처럼 말이다.

웹 2.0 시대의 도래와 동시에 생겨난 블로그는 세상 사람 누구나 편집자가 될 수 있게 해 주었다. 그야말로 꿈 같은 일이다! 블로거는 각자의 지식을 공유하고, 뉴스에 대한 촌평을 하고, 자신의 일상생활을 쓴다. 블로그를 시작하는 방법은 정말 쉽다. 블로그 서비스를 제공하는 사이트 중 하나를 골라서 계정을 만들기만 하면 된다(세계적으로는 워드프레스, 블로거, 오버블로그가 유명하고 한국에서는 이글루스, 네이버, 티스토리를 많이 사용한다).

블로그가 이렇게 성공한 이유는 무엇일까? 대중이 언론에 대한 신뢰를 잃은 것이 1차적 이유고, 블로거가 전문 기자의 권위에 도전하게 된 현상도 블로그의 성공 이유 중 하나다. 전문 기자는 항상 자신이 모든 일을 파악하고 있다고 믿지만 가끔 실수를 저지르기도 한다. 이제는 블로거도 전문 기자처럼 칸 영화제나 시위 현장에 드나들게 되었다. 이제 블로거는 "나도 그 현장에 있었다!"고 세상에 외친다.

하지만 블로그를 볼 때는 주의가 필요하다. 블로거는 기자가 아니다. 블로거가 제공한 정보가 늘 믿을 만하지는 않다는 뜻이다. 누구도 책임지고 관리하지 않는 집은 쉽게 불에 타 버릴지도 모른다.

기자는 블로거라는 새로운 경쟁자를 마냥 달가워하지는 않는다. 전문적인 주제에 대해서 기자보다 훨씬 뛰어난 블로거들이 활약하고 있기 때문이다. 게다가 많은 기업의 홍보 부서는 영향력 있는 파워 블로거의 환심을 사려고 책이나 시사회 초대권을 보내기도 한다. 진짜 기자에게 하는 것과 다를 바가 없다!

기자들의 개인 공간

전문 기자도 하나둘 자신만의 개인 블로그를 개설하기 시작했다. 물론 대부분 자신이 소속된 매체의 공식 웹 사이트에 개설한다. 기자는 블로그를 통해 어떤 사안에 대해 더 자유롭고 날카로운 촌평을 하거나 공격적으로 비난하고, 때로는 감상적인 글을 쓴다.

●연관 키워드

사건 · 사고 | 광고 | 홍보 담당자 | 이중 매체 | 블로거 | 단신 | 지역 신문 | 언론 재벌 | **의심** | 멸종 | 축제 | 프리랜서 기자 | 무가지 | 구텐베르크 | 벌집 | 수입 | 독립성 | **정보 전달** | 기자 | 정글 | 가판대 | 1881년 7월 29일 법 | 알베르 롱드르 | 매그넘 | 마케팅 | 탄생 | 뉴스 통신사 | 객관성 | 피플 | 프티 주르날 | 프레스 투어 | 자질 | 위험 | 풍자 | 특종 | 구독자 | 국가 보조금 | 땡땡 | **트위터** | 지하신문 | 노동조합 | 효용성 | 직업윤리 | 워터게이트 | 위키리크스 | **정보원** | 요미우리 신문 | 에밀 졸라

단신

기자는 매우 간결한 기사, 즉 단신부터 몇 페이지에 걸친 집중 탐사 보도까지 다양한 기사 형식 가운데 하나를 선택해 기사를 쓴다.

Brief

　신문 기사의 길이는 전부 다르다. 특히 어떤 기사는 매우 짧은데, 그 기사를 '단신'이라고 부른다. 또 어떤 기사는 여러 페이지에 걸쳐 길게 이어지는데 그 기사를 '탐방 기사'나 '심층 취재 기사'라고 한다. 질의응답 형식의 인터뷰 기사도 있고 한 인물의 전체적인 윤곽을 드러내 보여 주는 인물 기사도 있다. 이렇듯 다양한 형식의 기사가 번갈아 실림으로써 신문에는 마치 음악 같은 고유의 리듬이 생기고 독자는 다양한 기사를 읽는 즐거움을 누릴 수 있게 된다.

　기자가 인터뷰가 아니라 심층 취재를 하겠다고 결정하는 이유는 무엇일까? 다시 말해 기자가 특정 기사의 형식을 선택하는 데 특별한 이유가 있을까?

　편집 방향과 기사 형식의 선택은 보통 편집 회의에서 이루어진다. 편집 회의의 빈도는 매체의 간행 주기에 따라 다르다. 일간지의 경우 하루에 한 번 혹은 두 번 하고, 주간지의 경우에는 적어도 일주일에 한 번 한다. 기자들은 편집국장을 중심으로 함께 다음 호의 목차를 정한다. 이 일을 '레이아웃을 짠다.'고 부른다. 레이아웃을 짤 때는 신문의 모든 지면을 한 장의 종이 위에 길게 나열해 보는데, 마치 여러 칸의 차량이 이어진 열차의 모습과 비슷하다. 회의가 시작될 때는 텅 비어 있던 직사각형이 회의가 끝날 즈음에는 전부 채워진다. 편집국장은 각각의 칸마다 기사의 주제와 더불어 그 주제를 어떻게 다룰지, 즉 기사의 형식도 적는다.

예를 들어 탐방 기사는 현장에서 이루어지는 취재를 바탕으로 쓴 기사를 말한다. 기자는 사건이 발생한 장소로 가서 그곳에서 보고 들은 모두를 탐방 기사로 증언한다. 탐방 기사는 '르포'라고도 한다. 심층 취재 기사는 인터뷰, 탐방 취재, 문헌 자료 등 다양한 정보원을 종합한 기사다. 그래서 심층 취재 기사 하나가 완성될 때까지 몇 주에서 몇 달의 시간이 걸릴 수도 있다. 인물 기사는 기자가 특정 인물을 묘사하는 것이고 인터뷰는 인물에게 스스로 말할 기회를 주는 것이다. 단신은 여섯 가지 기본적인 질문(누가, 언제, 어디서, 무엇을, 어떻게, 왜)에 대한 답이 내용의 전부인 짧은 기사다. 한국에서는 이 여섯 가지 질문을 '육하원칙'이라고 부른다. 이와 유사하게 영국에는 다섯 가지 질문으로 이루

그림 단신, 만평

때로는 기사보다 만평가의 그림이 어떤 이슈에 대해 더욱 강한 여운을 남기기도 한다. 한국에서 인기가 많은 만평가로는 《경향신문》의 박순찬, 《한겨레》의 장봉군이 있다.

어진 '5W의 법칙'이 있다. what(무엇을), who(누가), when(언제), where(어디서), why(왜).

신문의 톱기사는 두세 개의 보조 기사를 함께 실어서 주요 내용에 대한 보충 정보를 제공한다. 보조 기사의 종류로는 박스 안에 몇 줄의 짧은 정보를 담는 박스 기사, 기자가 시민들의 의견을 수집하는 미니 여론 조사, 사진, 그래프, 도표로 정보를 나타내는 인포그래픽이 있다. 이렇듯 신문은 여러 층위의 정보를 제공함으로써 독자가 다양한 문을 통해 기사 속으로 들어올 수 있도록 한다. 물론 독자는 덕분에 기사를 더욱 쉽게 읽을 수 있다.

●연관 키워드

사건 · 사고 | 광고 | 홍보 담당자 | 이중 매체 | 블로거 | 단신 | 지역 신문 | 언론 재벌 | 의심 | 멸종 | 축제 | 프리랜서 기자 | 무가지 | 구텐베르크 | **벌집** | 수입 | 독립성 | 정보 전달 | 기자 | 정글 | 가판대 | 1881년 7월 29일 법 | 알베르 롱드르 | 매그넘 | 마케팅 | 탄생 | 뉴스 통신사 | 객관성 | 피플 | 프티 주르날 | 프레스 투어 | 자질 | 위험 | 풍자 | 특종 | **구독자** | 국가 보조금 | 땡땡 | 트위터 | 지하신문 | 노동조합 | 효용성 | 직업윤리 | 워터게이트 | **위키리크스** | 정보원 | 요미우리 신문 | 에밀 졸라

지역 신문

도로가 얼어서 빙판길이 되었다는 소식, 어떤 화재 사건이 결국 살인 범죄로 밝혀졌다는 소식, 지역 동물원의 스타인 팬더 두 마리……. 이러한 소식이 지역 신문의 1면을 장식한다.

지역 신문

**Community
newspaper**

2012년 조사에 따르면 한국에는 89개의 지역 일간지가 있다 (전국 일간지는 46개다). 지역 신문은 지방을 살리는 데 꼭 필요한 존재다. 지역 신문은 예전부터 초등학교 자선 바자회, 시 의회 보고 사항, 지하철 공사 진척 상황처럼 독자와 가까운 곳의 정보를 제공했다. 지역 신문은 지역 주민의 일상생활에 귀를 기울이고 독자에게 정말 필요한 내용을 전달하려고 노력한다. 지역의 사건·사고뿐만 아니라 주말 당직 병원 연락처, 도서관이나 수영장 개관 시간, 지역 주민의 부고 소식도 알려 준다.

편집 구성만 살펴보아도 지역을 우선시하는 지역 신문의 입장이 그대로 드러난다. 지역 신문은 전국 뉴스나 국제 뉴스보다 지역 공동체 소식에 훨씬 많은 페이지를 할애한다. 독자에게 더 가까이 다가가는 뉴스를 전달하기 위해서다. 미디어 역사학자인 파트릭 에베노는 이렇게 말했다.

"모든 지역 주민들은 자신이 일생에 한 번쯤 신문에 나올 수도 있다고 생각해야 한다."

지역 뉴스를 다루는 일 또한 쉽지만은 않다. 지역 신문의 기자는 해당 지역의 시장, 기업체 사장, 노조 위원장 등 주목할 만한 인물을 모두 가까이하며 정보원으로 삼아야 한다. 심지어 동네 이웃이나 같은 반 학부형도 정보원이 될 수 있다. 개인적으로 친한 정보원과 적당한 거리를 유지하면서 기자로서의 독립성을 지키는 일은 참 어렵다. 하지만 지역 신문이야말로 모든 언론이 기억해야 할 훌륭한 교훈을 준다. 우리 동네에서 일어나는 일이 G20 정상 회의만큼이나 중요하다는 사실 말이다.

● 연관 키워드

언론 재벌

오늘날 세계 각국의 많은 언론사를 몇몇 대기업들이 독식하고 있다. 이들 대기업은 신문사뿐만 아니라 텔레비전 채널과 라디오 방송국까지 소유하며 거대 언론 그룹이 되었다. 이는 정보의 다원화를 위협할 수도 있는 상황이다.

Conglomerate media group

"나는 잡지 《포춘》과 《타임》을 발행해서 전 세계의 독자에게 유용한 정보를 제공한다. 게다가 《스포츠 일러스트레이티드》로 스포츠 마니아의 마음까지 사로잡는다. CNN, HLN, TBS, TNT, 카툰네트워크, 트루TV 등 수많은 텔레비전 방송국도 소유하고 있고, 뉴라인 시네마, 캐슬 록 엔터테인먼트, 워너 홈 비디오, 워너 브라더스 픽쳐스, 워너 브라더스 스튜디오, 워너 브라더스 패밀리 엔터테인먼트로 사람들을 즐겁게 한다. HBO, 씨네맥스로 집안에서 영화를 즐길 수 있도록 하는 것도 내 역할이다. 대체 내가 누구냐고? 내 이름은 타임 워너 그룹이다! 이 업계의 다른 친구들도 나처럼 하고 있다. 결과적으로 세계 언론 전체를 소수 몇몇 그룹이 마음대로 주무르는 것이다."

거대 언론 그룹은 왜 생겨날까? 경제 이론에 따르면 기업 활동을 한군데로 집약시킬수록 생산 비용이 줄어든다. 경제 위기가 닥치자 언론 역시 이런 식으로 스스로를 조직화하는 방식을 선택했다. 하지만 언론의 활동이 언론 재벌 그룹을 중심으로 편성되다 보니 여러 매체 중 수익성이 낮은 일부는 폐간되고 말았다. 그리고 그로 인해 관점과 콘텐츠의 다양성이 빈약해졌다. 거대 언론 그룹은 다른 우려를 낳기도 한다. 일부 그룹이 언론뿐 아니라 다른 산업 분야까지 주도하기 때문이다. 무기 산업과 항공 산업을 주름잡는 다솔트 그룹과 건설, 대중교통 산업의 부이그 그룹이 그 예다. 이 경우 그룹은 정보 제공이라는 언론의 역할과 무기 산업이나 건설 산업과 관련된 활동을 홍보하려는 일반 기업의 역할 사이에서 균형을 잃을 위험이 있다.

세계의 언론 재벌

오스트레일리아의 루퍼트 머독, 미국의 테드 터너, 독일의 악셀 스프링거, 이탈리아의 실비오 베를루스코니는 '언론의 황제'라고 불리는 사람들이다. 이들은 다양한 언론 매체는 물론이고 영화 촬영 스튜디오나 음반 회사, 축구 팀, 럭비 팀 등을 소유하고 있다. 언론 재벌의 영향력은 언론의 영역을 넘어서 뻗어 있기 때문에 언론 재벌을 가리켜 나라 전체에 비를 뿌렸다 해를 비췄다 할 수 있는 사람이라고도 한다. 베를루스코니는 1994년, 2001년, 2008년에 이탈리아 총리가 되기 위해 자기 소유의 텔레비전 채널을 마음껏 이용했다. 언론에서의 영향과 권력을 정치 권력으로 확장시킨 것이다.

●연관 키워드

사건 · 사고 | 광고 | 홍보 담당자 | 이중 매체 | 블로거 | 단신 | 지역 신문 | 언론 재벌 | 의심 | 멸종 | 축제 | 프리랜서 기자 | 무가지 | 구텐베르크 | 법집 | 수입 | **독립성** | 정보 전달 | 기자 | 정글 | 가판대 | 1881년 7월 29일 법 | 알베르 롱드르 | 매그넘 | 마케팅 | 탄생 | 뉴스 통신사 | 객관성 | 피플 | 프티 주르날 | 프레스 투어 | 자질 | 위험 | 풍자 | 특종 | 구독자 | 국가 보조금 | 땡땡 | 트위터 | 지하신문 | 노동조합 | 효용성 | **직업윤리** | 워터게이트 | **위키리크스** | 정보원 | 요미우리 신문 | 에밀 졸라

의심

대중은 점점 언론 매체에 대한 신뢰를 잃어 가고 있다. 언론을 신뢰한다는
사람이 전체 국민의 절반도 안 된다!

Doubt

2012년 한국언론진흥재단의 요청으로 한국 갤럽이 실시한 여론 조사에 따르면 언론에 대한 국민의 불신은 다소 큰 상태다. 전체 조사 대상자의 약 62퍼센트가 언론에 대한 신뢰도가 보통 이하라고 대답했다. 언론인에 대한 신뢰도 또한 2010년 5점 만점에 3.22점이었던 것이 2012년에는 2.81점으로 하락했다.

사람들은 어떤 점 때문에 기자를 믿지 못할까? 첫 번째 우려는 기자가 다양한 종류의 압박을 견뎌낼 수 있을까 하는 의문에서 나온다. 기자는 정말 자유롭고 독립적으로 일하고 있을까? 대답은 그리 간단치 않다. 오늘날 많은 언론 그룹은 언론사일 뿐만 아니라 다른 한편으로 다양한 산업을 주름잡는 기업주이기도 하다. 이러한 상황에서 과연 기자가 어떤 주제에 대해 100퍼센트 자유롭게 발언할 수 있을까? 자연히 의문이 생겨난다.

두 번째 우려는 뉴스의 수준이 낮다는 점이다. 사람들은 언론이 일부 정치인이나 연예인의 사생활에 대해 지나치게 많이 보도한다고 지적했다. 언론이 가십거리를 다루느라 기후 변화 협약을 위한 더반 정상 회의나 스페인 시위처럼 정말 중요한 소식을 충분히 다루지 못했다는 주장이다.

뉴스의 수준이 떨어진 이유는 뉴스 보도를 둘러싼 경쟁이 언론 매체를 폭주하게 만들었기 때문이다. 이제는 가장 이름난 매체조차 이 흐름에 저항하기 어렵다. 어느 날 아침에는 뉴스거리였던 소식이 다음 날 아침이면 사라지고 없다. 새로 생겨난 뉴스가 기존의 뉴스를 밀어내고, 결국 모든 뉴스가 같은 중요도를 가진 듯이 취급된다. 마치 거대한 마그마 같은 상태다.

그렇다면 독자는 어떤 태도를 취해야 할까? 언론에 대한 비평적인 시각을 유지할 수 있는 가장 효과적인 방법은 정보원을 다양하게 하는 것이다. 여러 신문을 비교해 가며 보도록 하자.

기자라고 해서 오류나 실수를 저지르지 않을 수는 없다. 그럴 때는 여러분이 직접 나서서 신문에 실린 기사의 오류를 지적하면 된다. 두려워하지 말고 직접 펜을 들어 신문사에 '독자의 편

'지하철 결혼식'의 진실

2006년 2월, 한 동영상이 인터넷에서 화제가 되었다. 가난한 연인이 지하철 안에서 승객들의 축하를 받으며 결혼식을 올리는 모습을 담은 일명 '지하철 결혼식' 동영상이었다. 많은 언론이 앞다투어 이 동영상을 미담 기사로 다뤘다. 그런데 사실 동영상 속의 연인은 연극을 공부하는 학생들이었고, 지하철 안에서 자신들이 준비한 연기를 했던 것으로 밝혀졌다. 언론은 정확한 사실 확인을 하지 않아서 낭패를 보았다. 기자들은 이 아름다운 일화를 다른 매체보다 빠르게 보도하고 싶었을 테지만, '지하철 결혼식'의 실상은 그리 아름답지 않았다.

지'를 보내 보자. 일부 언론사는 독자의 건의사항을 수집해서 관련 기자에게 전달하는 일을 담당하는 직원을 따로 두고 있다!

● 연관 키워드

사건 · 사고 | 광고 | 홍보 담당자 | 이중 매체 | 블로거 | 단신 | 지역 신문 | **언론 재벌** | 의심 | 멸종 | 축제 | 프리랜서 기자 | 무가지 | 구텐베르크 | 벌집 | 수입 | 독립성 | 정보 전달 | 기자 | 정글 | 가판대 | 1881년 7월 29일 법 | 알베르 롱드르 | 매그넘 | 마케팅 | 탄생 | 뉴스 통신사 | 객관성 | 피플 | 프티 주르날 | 프레스 투어 | 자질 | 위험 | 풍자 | 특종 | **구독자** | 국가 보조금 | 땡땡 | 트위터 | 지하신문 | 노동조합 | 효용성 | 직업윤리 | 워터게이트 | 위키리크스 | 정보원 | 요미우리 신문 | 에밀 졸라

멸종

언론은 현재 심각한 경제 위기를 겪고 있다. 언론이 경제 위기를 맞이하게
된 이유는 무엇일까?

Extinction

　매체마다 조금씩 다르지만 광고 수익이 10퍼센트에서 30퍼센트 정도 감소하고 판매 수익까지 떨어지면서 언론사의 재정은 전반적으로 악화되었다. 대부분의 언론사는 광고주에게 전체 수익의 절반을, 구독자에게 수익의 나머지 절반을 기대고 있기 때문이다. 이는 악순환이 생기기 좋은 구조다. 구독자가 줄면 줄수록 떨어지는 판매 수익을 채우기 위해 광고를 더 많이 해야 하는데 구독자는 광고로 가득 찬 신문을 읽기 싫어하니까.

　기본적으로 언론이란 정보를 전달하는 일을 일컫는다. 하지만 언론 역시 현대 사회의 경제 질서를 따라야 하는 거대한 산업이다. 언론 산업은 지식 노동을 하는 기자는 물론 인쇄 노동자, 신문 배달원, 임원을 포함한 많은 인력을 고용하고, 엄청난 양의 종이를 사용하며, 수많은 윤전기를 돌리면서 인쇄를 하고, 거대한 배급망을 움직인다. 언론사에게 이 모든 과정에 필요한 돈이 충분히 들어오지 않으면 결국 수익성의 부재라는 문제가 정보 전달의 필요성보다 중요해진다. 그 결과 많은 언론사에서 인력 감축과 구조 조정이 늘어나는 실정이다.

　미국도 상황이 그리 나은 편은 아니다. 미국에서 2009년에만 142개의 일간지가 사라졌고 최근 10년 동안은 전체 기자 수가 25퍼센트 감소했다. 종이 신문은 정말 최후의 순간을 맞이하게 될까? 세계지적재산권기구(WIPO, World Intellectual Property Organization)의 사무총장 프란시스 거리는 그렇다고 답했다. 거리는 전 세계의 종이 신문이 2040년 이전에 모두 사라질 것이며 미국에서는 2017년쯤 자취를 감출 거라고 예견했다. 거리의 예상은 과연 사실로 밝혀질까? 적어도 미국에서는 이 예상이 벌써 현실로 드러나고 있다. 미국에서는 이미 종이 신문보다 전자책이 더 많이 팔리고 있다.

종이 신문 구독자가 줄어드는 원인을 인터넷과 무가지에 돌릴 수도 있다. 하지만 사실 언론의 위기는 언론이 제공하는 콘텐츠의 위기라고 보아야 한다. 독자는 신문에 실리는 글에 실망했다. 이제 독자는 전통적인 매체에 맞서고 도전하면서 스스로 주체가 되어 정보를 획득하는 쪽을 선호하게 되었다. 그러나 기자는 이러한 위기 상황에서도 사람들이 더 명확하게 세상을 바라볼 수 있도록 보다 질 좋은 정보를 제공해야 한다. 너무 많은 정보는 오히려 꼭 필요한 정보를 죽이는 법이다. 정보의 홍수 속에서 사람들의 '정보 비만'을 막는 일은 아직도 기자의 몫으로 남아 있다.

● 연관 키워드

사건·사고 | 광고 | 홍보 담당자 | **이중 매체** | 블로거 | 단신 | 지역 신문 | 언론 재벌 | 의심 | 멸종 | 축제 | 프리랜서 기자 | **무가지** | 구텐베르크 | 벌집 | 수입 | 독립성 | 정보 전달 | 기자 | 정글 | 가판대 | 1881년 7월 29일 법 | 알베르 롱드르 | 매그넘 | 마케팅 | **탄생** | 뉴스 통신사 | 객관성 | 피플 | 프티 주르날 | 프레스 투어 | 자질 | 위험 | 풍자 | 특종 | 구독자 | 국가 보조금 | 땡땡 | 트위터 | 지하신문 | 노동조합 | 효용성 | 직업윤리 | 워터게이트 | 위키리크스 | 정보원 | 요미우리 신문 | 에밀 졸라

축제

기자는 늘 많은 선물을 받는다. 겉으로는 쉬쉬하는 이야기다. 사실 기자의 입장에서 자신이 누리는 다양한 혜택에 대해 전부 털어놓기란 쉬운 일이 아니다. 하지만 기자로서 받는 혜택에 대한 고백이 여기저기서 시작되고 있다.

Festival

먼저 나부터 시작하겠다. 나는 선물을 많이 받을까? 물론 그렇다. 나 역시 기자로서 누릴 수 있는 혜택을 누린다. 평소에 가 보고 싶었던 레스토랑에서 오찬을 겸한 기자 간담회가 열렸던 적이 있다. 물론 간담회 주제가 흥미롭기는 했다. 하지만 나는 솔직히 레스토랑 때문에 그 기자 간담회에 참석했다.

기자가 받는 선물의 종류에 대해 알아보자. 기자가 받는 선물의 종류나 가치는 다양하다. 일단 '진짜 선물'이라고 할 수 있는 선물이 있다. 정말 아무 이유 없이 받게 되는 선물이다. 보통 보도 자료와 함께 주거나 연말 송년회 같은 자리에서 나눠 주는데, 물품의 종류는 펜, 달력, USB, 향초, 가방 등 매우 다양하다. 기자의 연필꽂이는 해가 갈수록 꽉 채워진다. 기자는 텔레비전 채널에서 제공한 수첩에 메모를 하고 올림픽 위원회에서 나눠 준 배낭에 운동복을 넣어 다닌다. 기자 회견에 참석했던 기자가 맛있는 마카롱이나 작은 장식품 따위를 받아 돌아올 때도 많다. 크리스마스에 판매할 예정인 장난감 출시 발표회에 초대된 기자는 자기 아이에게 줄 장난감이 가득 찬 쇼핑백을 여러 개 들고 돌아온다. 게다가 기자는 특별 할인 혜택을 누리기도 한다. 특정 브랜드가 기자에게 직접 할인을 해 주거나 직원 전용 판매망에 접근할 수 있게 해 주는 경우다.

기사를 쓰기 위해 필요해서 받는 물건도 있다. 하지만 그 물건도 결국 기자가 갖게 된다. 보드게임, DVD, 학용품, 공연이나 콘서트 표 등이다. 초대권은 딱 한 장만 제공되는 경우가 드물어서 기자의 자녀가 함께 혜택을 누린다. 이러다 보면 기자로서 받는 작은 편의와 특별 대우에 지나치게 익숙해질 위험이 생긴다. 공연을 보러 가면 절대로 돈을 내지 않으려 하고, 박람회나 전시관에 들어갈 때 줄을 서지 않으려 하는 것이다.

기자는 활동을 하면서 받는 그 많은 물건을 대체 어떻게 처리

한여름 밤의 꿈

정치나 사회 분야보다는 패션이나 미용 분야를 담당하는 기자가 선물을 더 많이 받는 편이다. 예컨대 패션이나 미용 분야에 대한 기사를 쓰려고 준비하는 과정에서 기자는 다양한 브랜드를 대신하는 홍보 담당자에게 연락을 취한다. 밸런타인데이에 관한 기사를 쓸 예정이라고 하면, 홍보 담당자는 기자에게 옷, 신발, 가방, 벨트, 보석 같은 물품을 제공한다. 특정 브랜드의 상품을 참고해 기사를 써 달라는 의미다. 기자는 마치 대형 마트에 갔을 때처럼 원하는 것은 무엇이든 고를 수 있다. 게다가 돈을 내지 않아도 된다! 하지만 물건을 들고 떠나는 기자의 손에는 대여증이 들려 있다. 기사를 다 쓰고 나면 반납해야 하기 때문이다. 행복한 꿈에도 끝이 있다.

할까? 책, 티셔츠, 만화책, 게임, 화장품, 사전을 모두 사무실 의자 뒤에 쌓아 두고 자기가 가지는 사람도 있고, 친구에게 나누어 주는 사람도 있다. 크리스마스가 되면 기자들이 한 해 동안 받은 장난감이며 게임, 책을 동료에게 나누어 주는 모습을 볼 수 있다. 완전히 축제 분위기다!

프리랜서 기자

프리랜서 기자는 기자라는 직업의 세계에서 점점 커지고 있는 불안정성의 상징이기도 하다. 프리랜서 기자가 늘어나는 현상은 무엇을 의미할까?

Freelancer

프리랜서 기자는 하나 혹은 여러 매체에 기고하는 기자로, 대부분 원고 매수에 따라 책정된 고료를 받는다(한글 200자를 원고지 한 매로 친다). 어떤 프리랜서 기자는 자신의 정기 기고란을 가지고 있지만 대부분은 스스로 글의 주제를 제안하면서 여러 편집국을 돌아다닌다. 이른바 '영업'을 하는 것이다. 사실 프리랜서 기자의 수입은 얼마나 좋은 글을 쓰는지에만 달린 것이 아니다. 신문사에 자기 글을 많이 팔 수 있는 영업 능력이 있는지에 따라서도 수입이 좌우된다.

프리랜서 기자를 제대로 대우하지 않는 편집국장이나 부서장이 많다. 갑자기 정기 기고를 종료하거나 정해진 원고 분량을 확 줄이기도 하고(프리랜서 기자가 받는 보수도 그만큼 줄어든다) 메일 한 통으로 최종 원고 송부 마감일을 바꾸겠다는 통보를 하는(다음 주 월요일까지였던 원고를 갑자기 내일까지 해 달라는 등) 경우도 비일비재하다. 프리랜서 기자는 언제나 새로운 일거리를 찾아다닌다. 지금 맡고 있는 정기 기고가 언제 갑자기 끝날지 모르기 때문이다. 그리고 들어온 원고 청탁은 절대로 거절하지 않는다. 언제든 작업 착수가 가능한 상태라는 뜻이다. 심지어 여름휴가 시즌에도 그래야 한다. 사실 여름휴가 시즌이야말로 프리랜서 기자가 필요한 때다. 신문사에 소속된 정규 기자들은 그들만의 특권인 휴가를 즐겨야 하니까. 그래서 프리랜서 기자 개인의 사생활이나 가족과의 시간은 보장받기 어렵다. 게다가 프리랜서 기자의 보수는 신문사에 소속된 정규 기자에 비해 적은 편이다.

몇 년 전만 해도 프리랜서 기자로 일한 경력이 있으면 정규 기자가 되기 쉬웠다. 하지만 요즘은 상황이 달라졌다. 정규 기자가 되지 못한 채 프리랜서 기자로 남아 있는 사람이 많다.

물론 너무 비관적으로 볼 필요는 없다. 프리랜서 기자라는 근무 형태에 만족하는 사람도 많으니까. 프리랜서 기자는 일정한 근무 시간을 지키지 않아도 되고, 원하는 대로 자기 시간을 관리할 수 있으며 특정한 회사에 종속될 필요가 없다. 프리랜서 기자가 누리는 자유와 독립성에는 값을 매길 수 없는 가치가 있다!

● 연관 키워드

사건 · 사고 | 광고 | 홍보 담당자 | 이중 매체 | 블로거 | 단신 | 지역 신문 | 언론 재벌 | 의심 | 멸종 | 축제 | 프리랜서 기자 | 무가지 | 구텐베르크 | 벌집 | **수입** | **독립성** | 정보 전달 | 기자 | **정글** | 가판대 | 1881년 7월 29일 법 | 알베르 롱드르 | 매그넘 | 마케팅 | 탄생 | 뉴스 통신사 | 객관성 | 피플 | 프티 주르날 | 프레스 투어 | 자질 | 위험 | 풍자 | 특종 | 구독자 | 국가 보조금 | 땡땡 | 트위터 | 지하신문 | 노동조합 | 효용성 | 직업윤리 | 워터게이트 | 위키리크스 | 정보원 | 요미우리 신문 | 에밀 졸라

무가지

1995년 스웨덴의 메트로 인터내셔널 그룹이 최초의 무료 종합 일간지를 발행했다. 이 최초의 무가지는 바로 우리에게도 익숙한 《메트로》다.

Free newspaper

1995년 스웨덴의 수도 스톡홀름의 지하철에 배포된《메트로》는 독자가 20분 안에 하루의 모든 뉴스를 훑어볼 수 있도록 만들어졌다. 《메트로》는 발행되자마자 성공을 거두었고, 다른 신문의 편집인에게 영감을 주었다. 그리하여 4년 뒤 1999년에는 노르웨이의 언론사 쉽스테드가 스위스 취리히와 독일 콜로뉴에 《20 미니츠》를 발행했다. 2007년에는 세 번째 무가지《디렉트 마탱》이 시장에 뛰어들었다. 《디렉트 마탱》도 앞선 두 경쟁자가 그랬듯 큰 성공을 거두었다.

한국에서도 일자리 정보를 제공하는《벼룩시장》을 비롯해 출근길 지하철 역 앞에《메트로》《포커스》《A.M. 7》등의 무가지가 잔뜩 쌓여 있는 모습을 볼 수 있다.

무가지의 성공과 별개로 무가지에 찬성하는 쪽과 반대하는 쪽의 격렬한 논쟁은 끝나지 않았다. 무가지에 찬성하는 쪽은 모든 국민이 정보에 접근할 권리가 있다는 점을 역설한다. 반대하는 쪽은 무가지가 진짜 신문의 유사품에 불과하다고 말한다. 토론은 좀처럼 끝날 기미가 보이지 않는다. 양측의 주장을 듣고 스스로 판단해 보자.

무가지 찬성!

❶ 무가지는 언론에 대한 접근성을 높인다. 무가지 덕분에 더 많은 사람이 매일 아침 신문을 읽게 되었다. 무가지는 유료 신문의 구독자를 빼앗지 않는다. 오히려 그동안 소외되었던 독자층을 신문 시장으로 끌어들인다. 특히 무가지는 인터넷을 하느라 종이 매체를 읽지 않는 젊은 층을 포섭하는 데 성공했다.

❷ 무가지는 독자에게 친근하게 다가간다. 무가지 역시 유료 신문처럼 시사 관련 기사를 싣기는 하지만 일상적인 주제를 더 많이 다룬다. 일상적인 주제는 독자에게 친근감을 준다.

무가지 반대!

❶ 무가지는 100퍼센트 광고 수익으로 운영되기 때문에 기사의 내용이 광고주의 입김에 좌우되기 쉽다.

❷ 독자는 무가지에 실린 정보를 스스로 분석하지 않고 쉽게 받아들일 수 있다. 따라서 기사를 읽을 때 아무런 노력도 하지 않게 되고, 결국 독해력이 저하되는 부작용을 낳는다.

● 연관 키워드

사건 · 사고 | **광고** | 홍보 담당자 | 이중 매체 | 블로거 | 단신 | 지역 신문 | 언론 재벌 | 의심 | 멸종 | 축제 | 프리랜서 기자 | 무가지 | 구텐베르크 | 벌집 | 수입 | 독립성 | **정보 전달** | 기자 | 정글 | 가판대 | 1881년 7월 29일 법 | 알베르 롱드르 | 매그넘 | 마케팅 | 탄생 | 뉴스 통신사 | 객관성 | 피플 | 프티 주르날 | 프레스 투어 | 자질 | 위험 | 풍자 | 특종 | **구독자** | 국가 보조금 | 땡땡 | 트위터 | 지하신문 | 노동조합 | 효용성 | 직업윤리 | 워터게이트 | 위키리크스 | 정보원 | 요미우리 신문 | 에밀 졸라

Gutenberg

구텐베르크

일설에 의하면 구텐베르크는 와인을 만들 때 쓰던 포도 압착기에 착안하여 활자 인쇄술을 발명했다고 한다. '언론(Press)'이라는 이름의 기원이 된 혁명적인 기계 '인쇄기(Press)'를 발명한 것이다. 1400년 경독일 마인츠에서 태어났다고 알려진 구텐베르크 덕분에 우리는 많은 혜택을 누리고 있다.

Gutenberg

유복한 집안의 셋째 아들로 태어난 인쇄술 발명가 구텐베르크의 본명은 요하네스 겐스플라이슈다. 구텐베르크는 원래 금속 세공사로 일했다고 한다. 그는 1430년 경 새로운 사업에 뛰어들었다. 순례자를 위해 작은 기념품용 거울을 만들어 파는 일이었다. 고객이 점점 늘면서 구텐베르크는 거울을 대량으로 생산할 수 있는 방법을 찾기 시작했고, 한 번에 여러 개의 거울을 찍어내기 위해 나무로 된 압착기를 사용했다. 그러던 중 거울 대신 납으로 만든 글자판을 찍어 보아야겠다는 아이디어를 떠올렸다. 그 결과 최초의 인쇄기가 탄생하게 되었다.

사실 인쇄 도구를 처음으로 발명한 사람은 구텐베르크가 아니다. 중국인들은 이미 구텐베르크의 인쇄기 발명에 몇백 년 앞서 목판 위에 활자를 조각해 인쇄하는 방법을 사용하고 있었다. 대신 구텐베르크의 인쇄기는 매번 새로운 목판을 조각할 필요가 없는 방식이었다. 구텐베르크는 첫 번째 단계로 영구 재사용과 자유로운 교체가 가능한 조립식 활자를 만들었다. 알파벳 글자를 철판에 거꾸로 새겨 형틀을 만들고 그 안에 금속 합금을 부어 주조했다. 두 번째 단계로 그렇게 만든 활자를 책의 한 페이지를 구성하듯 하나의 판형에 고정시켰다. 그다음 당시 필경

사가 사용하던 수성 잉크 대신 훨씬 진하고 내구성이 강한 유성 잉크를 글자판에 칠했다. 마지막 단계로 활자 인쇄기를 사용해 글자판 위로 종이를 강하게 눌러 찍었다. 이 방법으로 첫 번째 페이지를 필요한 수만큼 인쇄하고 나서는 판형을 분해하고, 다시 첫 번째 단계부터 반복해 두 번째 페이지를 인쇄했다.

구텐베르크의 처음 목표는 소박했다. 일단 당대 최고의 베스트셀러를 인쇄하기로 했다. 바로 성경이다. 구텐베르크가 인쇄한 성경은 한 페이지가 2단으로 구성되어 있었고, 한 단은 총 42줄이었다. 1455년에 구텐베르크는 이 책을 180부가량 인쇄했고 인쇄본은 아주 잘 팔렸다.

구텐베르크는 1465년에 독일 왕궁의 조신으로 임명되었다. 하

윤전기의 발전

1795년 영국의 스탠호프가 처음으로 철제 인쇄기를 발명하면서 신문 발행이 엄청나게 늘어났다. 하지만 더 큰 혁명은 1850년대 윤전 인쇄기 덕분에 일어났다. 전통적인 인쇄기에서 활자를 찍어내기 위해 압력을 주는 부분은 평면으로 되어 있었는데 그 부분을 원형으로 바꾼 것이 바로 윤전 인쇄기, 즉 윤전기다. 따라서 인쇄기의 압력이 더욱 세지고 인쇄 속도도 빨라졌다. 종이 공급 방식 역시 한 장씩 급지되던 방식에서 두루마리 형태로 급지되는 방식으로 바뀌었다. 오늘날의 윤전기는 뛰어난 생산성 덕분에 한 시간에 6만에서 8만 부 정도의 일간지를 인쇄할 수 있다.

지만 그로부터 3년 뒤 결국 사람들의 무관심 속에서 비참한 최후를 맞이했다고 알려져 있다. 인쇄 사업 동업자가 구텐베르크의 업적을 가로챘기 때문이다. 구텐베르크의 최후와 달리 그의 발명품은 그 뒤로도 인류가 지식을 전달하는 데 혁혁한 공을 세웠다.

● 연관 키워드

사건 · 사고 | 광고 | 홍보 담당자 | 이중 매체 | 블로거 | 단신 | 지역 신문 | 언론 재벌 | 의심 | 멸종 | 축제 | 프리랜서 기자 | 무가지 | 구텐베르크 | 벌집 | 수입 | 독립성 | 정보 전달 | 기자 | 정글 | 가판대 | 1881년 7월 29일 법 | **알베르 롱드르** | 매그넘 | 마케팅 | 탄생 | 뉴스 통신사 | 객관성 | 피플 | **프티 주르날** | 프레스 투어 | 자질 | 위험 | 풍자 | 특종 | 구독자 | 국가 보조금 | 땡땡 | 트위터 | 지하신문 | 노동조합 | 효용성 | 직업윤리 | 워터게이트 | 위키리크스 | 정보원 | 요미우리 신문 | 에밀 졸라

벌집

Hive

기사를 쓰는 기자는 퍼즐의 작은 한 조각일 뿐이다. 신문사에서 일하는 모든 사람은 신문이 완성될 때까지 함께 달린다.

Hive

언론사에서 팀의 중심은 편집국장이다. 주로 경험이 풍부한 기자가 편집국장이 되는데, 편집국장은 신문이 발행되기까지의 전 과정을 관할한다. 편집국장은 편집 회의를 주관하고 기사의 주제를 결정한다. 기자가 작성한 원고를 받아서 검토하고 원고가 기대에 미치지 못할 경우에는 기자에게 원고를 돌려보내 다시 작업하도록 요청하기도 한다. 기사가 통과되면 편집국장은 교열 기자에게 기사를 보낸다.

교열 기자는 '국어의 달인'이라고 할 수 있다. 어떠한 오탈자도 교열 기자의 눈을 비켜 갈 수 없다. 교열 기자는 단어의 맞춤법이나 인명을 검토하고 주술 관계가 틀린 문장을 찾아내는 일을 한다. 교열 기자의 책상 위는 온갖 국어 문법 사전, 맞춤법 사전, 동의어 사전으로 가득하다. 교열 기자의 역할은 그것만이 아니다. 교열 기자는 기자의 원고를 더욱 풍부하게 만들고, 매끄럽게 다듬어 주기도 한다. 교열 기자가 원고를 붙들고 씨름하는 동안 편집국장은 도판 담당자에게 기사 내용과 잘 어울리는 사진을 찾아 달라고 요청한다.

도판 담당자는 로이터나 AP 통신 같은 주요 사진 제공 통신사에 가입된 계정으로 사진을 고르는 사람이다. 전문 사진작가에게 따로 사진을 요청할 수도 있다. 사진이 정해지고 나면 편집 기자가 솜씨를 발휘한다.

　편집 기자는 신문의 전체 틀을 유지하면서 독자가 읽기 편한 레이아웃으로 글과 시각 자료를 배치하는 일을 맡는다. 독자가 기사보다 먼저 보게 되는 표제, 부제를 쓰기도 한다.

　한편 그 시각 취재 기자는 이미 다른 뉴스를 취재하러 떠나고 없다. 신문 발행 과정은 영원히 되풀이된다. 오늘 신문이 어제 신문을 밀고 들어오고, 오늘 신문이 완성되면 곧장 내일 신문을 만들어야 한다. 취재 기자는 다음 호를 위한 기사를 쓰면서 동시에 이미 편집된 기사를 다시 읽어 보고 최종 수정 작업을 한다. 그

신문 안에 사는 곰

프랑스에서는 신문을 만드는 데 참여한 사람의 이름과 연락처를 모두 적어 놓은 작은 박스 기사를 '곰(ours)'이라고 부른다. 이 말의 유래에 대한 두 가지 이야기가 있다.
1. '우리의 것'을 뜻하는 영어 단어 'ours'에서 비롯되었다.
2. '원숭이'라는 별명으로 불리던 식자공과 '곰'이라고 불리던 윤전기 기사의 다툼에서 유래했다. 식자공은 자신들이 윤전기 기사보다 지적으로 우월하다고 생각했다.
정확한 유래가 무엇이든, 이 작은 박스를 보고 나면 신문을 만들기 위해서는 기자뿐 아니라 인쇄 담당자, 영업자, 홍보 담당자 등 많은 사람이 필요하다는 사실을 알게 된다.

리고 모든 사람이 검토를 마치면 편집국장이 신문을 인쇄해도 좋다는 최종 승인을 내린다. 신문은 드디어 인쇄소로 떠난다. 내일도, 다음 주에도, 그리고 다음 달에도 이 모든 과정이 계속 되풀이된다!

I
Income
수입

기자의 연봉이 높지는 않다. 엄청난 연봉을 받는 일부 기자만을 보고 일반적인 기자의 벌이에 대해 잘못된 인식을 갖는 사람들도 있다. 하지만 높은 수입을 얻는 기자는 아주 극소수다. 텔레비전 프로그램의 사회자나 리포터로 일하는 경우에는 돈을 많이 벌 수 있지만 그들은 엄밀히 따지면 기자가 아니다.

Income

실상은 이렇다. 기자들 사이에는 엄청난 소득 격차가 있다. 한국의 신문 기자는 평균 5,000만 원 전후의 연봉을 받는다. 이 중 규모가 큰 신문사의 기자는 7,000만 원 이상을 받기도 한다. 그러나 위의 통계에 포함된 신문사는 모두 전국 일간지다. 즉, 지역 신문사나 소규모 신문사에서 일하는 기자의 연봉은 포함되지 않은 수치다. 대체로 작은 신문사에서 일하는 기자는 '메이저 언론사'에서 일하는 기자보다 훨씬 낮은 보수를 받는다.

정규직 계약을 맺고 활동하는 기자는 대부분 기자 활동만으로도 우아하게 살아갈 수 있다. 하지만 프리랜서 기자처럼 고용 상태가 불안정한 비정규직은 사정이 다르다. 비정규직 기자는 수입이 매달 들쑥날쑥한 나머지 생활을 유지할 수 있을 정도의 돈을 벌기 위해 동시에 여러 언론사와 일을 하게 되는데, 그러다 보면 경력과 평판 관리가 위험해진다. 업무량이 과도하면 업무 수행의 정확도와 질이 떨어지기 때문이다.

게다가 언론사에서 정규직이 되기는 점점 어려워지고 있다. 따라서 프리랜서 기자를 비롯한 비정규직의 수가 꾸준히 늘어나는 추세다. 상황은 2008년 세계 경제 위기 뒤로 더욱 심각해졌다. 지금의 청년층이야말로 이러한 고용 불안정에 가장 큰 타격을 입는 세대다. 이제 누군가 기자가 되고 나서 몇 달, 몇 년이 지나도록 여전히 비정규직이라는 이유로 놀라는 사람은 없다. 물론 법적으로 일정 기간 동안 비정규직으로 일한 뒤에 정규직 전환을 요구할 수 있기는 하지만 말이다.

기자에게 부업이란?

기자는 살림살이에 보태기 위해 '부업'을 하기도 한다. 기자의 본 업무 외에 다른 일을 해서 수익을 얻는 것이다. 기자는 자신의 인지도나 전문성을 활용해서 간담회나 세미나의 사회를 보기도 하고, 정치인이나 기업인이 인터뷰를 할 때 기자가 놓는 교묘한 질문의 덫을 피해갈 수 있도록 사전에 미리 조언하는 일도 한다. 이러한 일이 기자의 직업윤리에 어긋나지는 않는다. 하지만 이해관계가 충돌하는 원인이 될 때가 있다. 그래서 일부 언론사는 내부 규칙을 통해 소속 기자의 부업을 금지한다.

● 연관 키워드

사건 · 사고 | 광고 | 홍보 담당자 | 이중 매체 | 블로거 | 단신 | 지역 신문 | 언론 재벌 | 의심 | 멸종 | 축제 | **프리랜서 기자** | 무가지 | 구텐베르크 | 벌집 | 수입 | 독립성 | 정보 전달 | **기자** | **정글** | 가판대 | 1881년 7월 29일 법 | 알베르 롱드르 | 매그넘 | 마케팅 | 탄생 | 뉴스 통신사 | 객관성 | 피플 | 프티 주르날 | 프레스 투어 | 자질 | 위험 | 풍자 | 특종 | 구독자 | 국가 보조금 | 땡땡 | 트위터 | 지하신문 | 노동조합 | 효용성 | 직업윤리 | 워터게이트 | 위키리크스 | 정보원 | 요미우리 신문 | 에밀 졸라

독립성

다음은 기자의 독립성에도 어느 정도의 제약이 있다는 사실을 보여
주는 세 가지 예시다.

Independence

1. 소유주의 압박

2006년 잡지 《시사저널》의 소유주가 편집국에게 다음 호에서 한국의 대기업 삼성과 관련된 기사를 빼라고 지시했다. 삼성 쪽에서 걸려 온 한 통의 전화를 받은 뒤였다. 그러나 《시사저널》의 편집국장과 취재 총괄 부장은 소유주의 요구를 거부했다. 결국 소유주는 직접 인쇄소에 가서 삼성에 관한 해당 기사를 삼성 광고로 대체했다. 편집국장은 이 사태에 항의하여 사표를 제출했고, 취재팀장을 비롯한 여러 명의 기자는 정직 등의 징계를 받았다. 《시사저널》의 기자들은 사측의 처분에 대항해 편집권 독립을 요구하며 1년 동안 파업을 진행했다. 결국 22명의 기자는 회사에서 나와 2007년 새로운 잡지 《시사IN》을 만들었다.

이 일화는 언론의 소유주가 매체의 편집 내용에 간섭하기도 한다는 사실을 보여준다. 이렇게 된 이유 중 하나는 거대 기업이 언론사를 소유하거나 언론사에 큰 영향을 미치게 되었기 때문이다. 예를 들어 《중앙일보》는 삼성에 속해 있다가 1999년 분리되었는데, 아직도 삼성의 영향 아래에 있다는 의혹을 받는다. 이 경우 기자가 신문 소유주의 기업 활동과 관련된 주제로 기사를 쓰라는 강요를 받게 된다는 문제가 생긴다.

2. 지위의 압박

아무리 정규직이라 해도 기자는 고용주의 손에 밥줄이 달린 일개 피고용인의 입장이다. 기자는 자신이 소속된 신문사의 편집 방향을 존중해야 한다. 회사의 규칙을 따르지 않는 기자는 언제든 쫓겨날 위험에 노출되어 있다. 비정규직으로 고용된 상태라면 더욱 그렇다. 고용 상태가 불안정한 기자가 신문사의 기사 주제 선택을 지적할 엄두를 내기란 쉽지 않다. 비정규직 기자는 정규직이 될 때까지 기다리면서 위에서 시키는 대로 일해야 한다.

브라샤 법

프랑스에는 1935년 제정된 '브라샤 법'이 있다. 브라샤 법은 특수 상황에서 기자의 독립성을 보장하기 위한 법으로, 두 가지 조항을 포함한다. 첫째는 양심 조항이다. 이 조항에 따르면 기자는 신문사의 편집 방향에 유의미한 변화가 생기고 있음을 지적하는 경우에도 직위가 보장된다. 둘째는 신문사의 소유자가 바뀌어도 고용 기자는 해고되지 않는다는 고용 보장 조항이다. 물론 두 경우 모두 기자는 자진해서 퇴사할 권리가 있고, 해고되었을 때와 마찬가지로 실업 수당 등의 법적 권리를 누릴 수 있다.

3. 광고의 압박

기자로 일하다 보면 언론사의 임원진이나 편집국장에게 광고 지면에 들어간 상품에 대한 기사를 쓰라거나, 일반적인 기사를 쓰는 척하면서 특정 상품에 관한 내용을 살짝 넣으라는 요구를 받는 일이 부지기수로 벌어진다. 예를 들면 소비자에게 무언가를 설명하는 기사 중간에 특정 상품명을 넣는 방식이다. 광고주는 당연히 이러한 노출 기사를 반기고, 광고 담당 부서의 입장에서는 노출 기사가 다음번에 더 많은 광고를 따내기 위한 확실한 수단이 된다.

기자의 업무 내에 존재하는 많은 속박을 이해함으로써 우리는 기자라는 직업의 현실적인 면을 파악할 수 있다. 뉴스를 전달하는 일은 결코 쉽지 않은 싸움과 긴장의 연속이다. 그래서 기자의 일이 더욱 가치 있는 것일지도 모른다.

● 연관 키워드

사건·사고 | **광고** | 홍보 담당자 | 이중 매체 | 블로거 | 단신 | 지역 신문 | **언론 재벌** | 의심 | 멸종 | 축제 | 프리랜서 기자 | 무가지 | 구텐베르크 | 벌집 | 수입 | 독립성 | 정보 전달 | 기자 | 정글 | 가판대 | 1881년 7월 29일 법 | 알베르 롱드르 | 매그넘 | 마케팅 | 탄생 | 뉴스 통신사 | 객관성 | 피플 | 프티 주르날 | 프레스 투어 | 자질 | 위험 | 풍자 | 특종 | 구독자 | 국가 보조금 | 땡땡 | 트위터 | 지하신문 | 노동조합 | 효용성 | **직업윤리** | 워터게이트 | 위키리크스 | 정보원 | 요미우리 신문 | 에밀 졸라

정보 전달

정보를 전달하는 일은 기사에 틀을 만들어 주는 일이다. 기사의 앵글을 선택한다고 말하기도 한다. 적절한 틀을 선택하면 틀림없이 훌륭한 기사가 탄생한다.

바닥에는 수십 권의 서류철이 있고 책은 탑처럼 쌓여 있으며 보도 자료가 산더미를 이루고 있는 곳. 여러분은 기자 사무실에 왔다! 이곳은 마치 자료실처럼 보이기도 하는데, 기자가 기사를 쓸 때 가장 먼저 하는 일이 자신이 맡은 주제에 대해 가능한 한 많은 자료를 수집하는 일이기 때문이다. 기자는 뉴스 통신사에서 받은 속보 자료, 보도 자료, 여론 조사 결과 등 다양한 정보를 외부에서 받거나 스스로 정보를 찾아 나선다. 동료 기자의 기사를 스크랩하고, 문헌 자료나 텔레비전 방송을 찾아보고, 기자 회견에도 참석한다. '끊임없이 주시하는 상태'라고 할 수 있는 기자의 초반 작업은, 독자는 잘 알지 못하지만 기자라는 직업의 근본적인 부분이다. 많은 자료를 수집하면서 기자는 앞으로 누가 새로운 이슈를 만들어 내거나 주목을 받을지 감지할 수 있게 된다.

수집한 정보는 일단 사실인지 검증해야 한다. 어떤 정보가 진실인지 거짓인지 판단할 수 있는 확실한 방법은 없다. 그렇기 때문에 기자는 항상 정보의 출처에 의문을 가져야 한다. 이 정보는 어디에서 온 것인가? 이 정보를 내게 제공함으로써 이득을 얻을 사람은 누구인가?

한 가지 주제에 대한 수없이 다양한 관점 중 하나를 선택하는 것도 기자의 일이다. 기자는 독자에게 전달하고 싶은 주요 메시지가 무엇인가를 기준으로 관점, 즉 앵글을 선택한다. 동료 기자들에게 적절하고 참신한 앵글을 찾으라고 독려했던 한 전직 기자는 늘 다음과 같은 기준을 되뇌며 자신을 단련했다고 한다.

"전달하고자 하는 메시지를 단 두 문장으로 표현할 수 없다면, 아직 자신이 무엇을 말하고자 하는지 정확히 모른다는 뜻이다."

독자의 기대에 부응하는 적절한 선택을 할 때 참고할 만한 네 가지 법칙이 있다.

첫째, 지리적 근접성의 법칙. 독자는 지구 반대편에서 백 명이 죽은 사건보다 우리 동네에서 한 명이 죽은 사건에 더 관심을 갖는다.

몇 년짜리 특종

활자 매체, 특히 일간지의 기자는 취재를 하고 기사를 쓸 수 있는 시간이 겨우 몇 시간뿐일 때가 많다. 극소수의 기자만이 심층 취재에 시간을 쏟아 부을 수 있다. 심층 취재를 전문으로 하는 기자는 정치나 경제 분야에 얽혀 있는 숨겨진 정보를 찾는 일에 뛰어난 재능을 보이는데, 짧게는 몇 개월에서 길게는 몇 년 동안 하나의 사건을 파헤칠 때도 있다. 어떤 심층 취재 전문 기자가 미공개 정보를 처음으로 세상에 발표하면 우리는 그가 '특종을 해냈다!'고 말한다.

둘째, 시간적 근접성의 법칙. 독자는 지금 일어나고 있는 일에 관심이 있을 뿐 여섯 달 전의 일에는 관심이 없다.

셋째, 사회적 근접성의 법칙. 독자는 자신과 같은 직업을 가진 사람들의 일에 관심이 많다.

넷째, 감정적 근접성의 법칙. 독자는 자신의 일상생활과 가까운 주제에 흥미를 가진다.

하나의 기사에는 단 하나의 앵글만 있어야 한다. 기사가 여러 정보를 혼합해 놓은 형태가 되어 독자가 몇 줄 읽다가 포기하는 일을 막기 위해 앵글은 꼭 필요하다. 앵글을 선택하는 일은 기자가 하는 일 중에서 가장 숙달하기 어렵다. 하지만 점차 경험이 쌓이면 규칙 속에서 앵글을 자유자재로 요리하는 법을 알게 된다.

●**연관 키워드**

사건 · 사고 | 광고 | 홍보 담당자 | 이중 매체 | 블로거 | 단신 | 지역 신문 | 언론 재벌 | 의심 | 멸종 | 축제 | 프리랜서 기자 | 무가지 | 구텐베르크 | 벌집 | 수입 | 독립성 | 정보 전달 | **기자** | 정글 | 가판대 | 1881년 7월 29일 법 | 알베르 롱드르 | 매그넘 | 마케팅 | 탄생 | 뉴스 통신사 | **객관성** | 피플 | 프티 주르날 | 프레스 투어 | 자질 | 위험 | 풍자 | 특종 | 구독자 | 국가 보조금 | 땡땡 | 트위터 | 지하신문 | 노동조합 | 효용성 | **직업윤리** | **워터게이트** | 위키리크스 | 정보원 | 요미우리 신문 | 에밀 졸라

기자

기자는 원래 번듯한 직업은 아니었다. 사람들에게 각종 소식을 전해 주던 이야기꾼이 기자의 시초였다.

Journalist

프랑스에서 '기자'라는 이름은 《르 주르날 드 트레부》에서 뉴스를 해설해 주는 사람을 지칭하면서 처음 사용되었다. 당시 뉴스를 수집해서 인쇄하는 일만 하던 단순한 뉴스 수집가와 구별하기 위해 '기자'라는 명칭을 사용했다. 그때의 기자란 직업적으로 정보를 전달하는 일을 하는 사람이 아니라 뉴스를 해석해 주는 학자, 작가, 철학자, 예술가였다.

혁명기에는 신문을 통해 자신의 주장을 널리 알리고자 했던 정치인이 기자로 활동하는 경우가 많았다. 그러나 공포 정치가 실시되고 자유롭게 의사를 표현하던 기자들이 단두대의 이슬로 사라지면서 언론의 발전도 그 행보를 멈추게 되었다.

그러던 중 '1881년 7월 29일 법'의 제정과 함께 표현의 자유가 보장되었고, '페리 법'이 기술 진보, 철도 발전, 문맹 퇴치를 다루면서 프랑스 언론은 진정한 황금시대로 향했다. 20세기 초에는 파리에서만 60여개의 일간지가 발행되었고 지역 신문은 200종이 넘었다. 에밀 졸라, 오노레 드 발자크, 기 드 모파상 같은 당대의 위대한 작가도 신문에 참여하며 언론의 성공에 기여했다.

한국 최초의 기자는 1883년 10월에 창간된 《한성순보》의 유길준이다. 당시의 기자는 오늘날처럼 취재와 편집을 따로 담당하지 않았다. 한 사람의 기자가 취재와 기사 작성, 편집까지 모두 해냈다! 그래서 사건·사고 기사에도 객관적 사실만 담겨 있는 것이 아니라 기자의 개인적인 논평까지 들어가 있었다. 또한 당시 기자로 활동했던 사람 중에는 전통 한학을 공부한 사람, 즉 '선비'도 있었고, 작가, 시인, 평론가도 있었다. 우리는 이러한 사실을 통해 기자가 생겨난 초기에는 하나의 온전한 직업으로 정립되지 않았었다는 것을 알 수 있다.

한국에서 정규직 기자로 활동하고 있는 사람은 신문, 방송 기자를 모두 합쳐 약 2만 5천 명이며, 그중 종이 신문 기자는 약 1만 5천 명이다. 인터넷 신문 기자는 7천 명 정도라고 하니 최근 인터넷 매체의 비중이 매우 커졌다는 것을 알 수 있다(2012년 기준). 《한성순보》에서 오늘날의 인터넷 신문까지 매체의 형태는 계속해서 변했지만 국민의 알 권리를 위해 열심히 뛰는 기자의 정신만은 그때나 지금이나 같다.

정글

기자라는 직업은 비난받을 일이 많기는 해도 아주 매력적이다. 하지만 기자 세계에서 한자리를 차지하기란 그리 쉬운 일이 아니다.

Jungle

기자라는 직업에는 조금 특별한 점이 있다. 직업이 그 사람 몸에 딱 달라붙게 된다는 점이다. 일단 기자 세계를 경험하면 거기에서 벗어날 방법은 거의 없다. 하지만 기자가 되기까지의 길은 온통 가시덤불로 가득하다. 특히 여러분이 대학을 졸업하자마자 정규직 기자로 취업하기를 꿈꾸고 있다면, 기자라는 직업은 여러분과 어울리지 않는다고 보아야 한다. 기자는 현장에서 오랫동안 훈련을 받으면서 만들어지는 직업이기 때문이다. 대학에서 학사나 석사 과정을 마친 뒤 일단 입사 시험이라는 좁은 관문을 통과해서 언론사에 들어가고, 그곳에서 점차 일을 배워야 한다.

늘 그렇듯 기자가 되고 싶어 하는 사람은 많은데 자리는 너무나 적다. 기자가 되기는 매우 어렵기 때문에 그 과정을 '언론 고시'라고 부르기도 한다. 기자가 되고 싶어 하는 사람을 위한 교육 과정을 개설하는 기관도 있다. 기자 교육 과정을 개설한 곳은 견고한 커리큘럼을 제공하고 학생들이 라디오, 텔레비전, 종이 신문, 온라인 신문 등 다양한 보도 형태에 맞는 기술을 배울 수 있게 해 준다. 하지만 사람들이 생각하는 것과 달리 이 과정을 수료한다고 해서 기자가 될 수 있는 것은 아니다. 대다수의 기자는 전문 교육 과정을 거치지 않고 기자가 되었다. 어찌 보면 다

행스러운 일이다. 만일 기자들이 전부 같은 교육 과정을 거쳤다면 기사도 획일화되고 말 테니까.

기자가 되는 방법은 매우 다양하다. 별로 유명하지 않은 학교를 졸업한 기자도 있고, 문학이나 과학 등 순수 학문을 전공한 기자도 있다. 늘 좋은 기사 쓰기에 대해 고민하고 연습할 것, 어느 정도의 행운이 따를 것……. 기자가 되기 위한 진짜 중요한 열쇠다. 처음에는 대부분 인턴으로 시작한다. 그 뒤에 계약직 일자리를 얻거나 언론사의 기자 시험과 면접을 통과해 정규직 기자가 된다. 기자가 되기 위해서는 인내심이 필요한 경우가 많다. 어차피 인내심은 기자가 꼭 갖추어야 하는 덕목이다. 그리고 이 과정을 거쳐 온 기자라면 누구나 이렇게 말할 것이다. 이 과정은 그 자체로 충분히 해 볼 만한 가치가 있는 게임이라고.

●연관 키워드

사건 · 사고 | 광고 | 홍보 담당자 | 이중 매체 | 블로거 | 단신 | 지역 신문 | 언론 재벌 | 의심 | 멸종 | 축제 | 프리랜서 기자 | 무가지 | 구텐베르크 | 벌집 | 수입 | 독립성 | 정보 전달 | 기자 | 정글 | 가판대 | 1881년 7월 29일 법 | 알베르 롱드르 | 매그넘 | 마케팅 | 탄생 | 뉴스 통신사 | 객관성 | 피플 | 프티 주르날 | 프레스 투어 | 자질 | 위험 | 풍자 | 특종 | 구독자 | 국가 보조금 | 땡땡 | 트위터 | 지하신문 | 노동조합 | 효용성 | 직업윤리 | 워터게이트 | 위키리크스 | 정보원 | 요미우리 신문 | 에밀 졸라

가판대

더, 더 빨리 신문을 보고 싶다! 그렇다면 지금 당장 가판대로 달려가자.

Kiosk

신문사는 신문의 배포 방식을 자유롭게 선택할 수 있다. 배달원을 고용해서 독자의 가정에 직접 배달하거나 신문 판매처에서 직접 판매한다. 요즘에는 신문을 판매하는 자판기도 있다.

가판대에서 한 부씩 판매하는 방식은 가장 비용이 많이 들고 판매 수량도 예측하기 힘들다. 정기 구독자는 구독 기간을 정해 선불로 구독료를 지불하지만 가판대에서 한 부씩 판매되는 수량은 예측이 불가능하기 때문이다. 그래서 신문사는 가판대 판매가 부담스럽고 비용이 많이 드는 방식이라고 생각한다.

인쇄소에서 갓 나온 신문과 잡지는 배송 트럭, 기차, 비행기를 통해 도매상에게 전달되는데, 이 도매상을 위탁 판매상이라고 한다. 도매상은 다시 최종 판매자인 전국의 신문 판매처에 신문을 보내 준다. 판매처로는 가판대, 편의점, 지하철역 안의 자판기, 크고 작은 마트, 가게에 설치된 잡지 진열대가 있다.

신문 판매상은 신문 한 부를 판매할 때마다 일정 수수료를 받는데 수수료의 금액은 간행물의 종류, 판매처의 형태나 지리적 위치에 따라 다르다. 하지만 일반적으로 신문 가격의 20퍼센트를 넘지 않는다. 여기에서 수 년 전부터 신문 판매처의 수가 줄어드는 이유를 눈치챌 수 있다. 신문 판매 업계는 점점 더 어려워지고 있다. 신문 판매상의 하루는 편안함과는 거리가 멀다. 신문을 받고, 진열대에 배치하고, 팔리지 않은 신문은 추려내야 한다. 그것도 일주일에 6일을, 매일 오전 6시 30분부터 말이다.

신문사의 재고 관리 방법

신문 판매처에 배달되는 간행물의 수량을 결정하는 사람은 신문 판매상이 아니다. 신문사는 내부적으로, 혹은 외부 기업에 위탁해서 매 호마다 어떤 신문 판매처에 얼마만큼의 부수를 보낼지를 결정하는 판매 관리 시스템을 갖추고 있다. 당연히 이전 호가 얼마나 팔렸는지에 따라 수량이 결정된다. 수량 조정은 정말 중요한 작업이다. 신문사는 최대한의 수량을 판매하면서 동시에 남는 수량은 최소화하기 위해 노력한다. 재고는 결국 신문사의 비용으로 돌아와서 온전히 손해로 남기 때문이다. 평균적으로 전체 언론을 통해 발행되는 수량 중 50퍼센트 정도가 재고가 된다고 한다.

●연관 키워드

사건 · 사고 | 광고 | 홍보 담당자 | 이중 매체 | 블로거 | 단신 | **지역 신문** | 언론 재벌 | 의심 | 멸종 | 축제 | 프리랜서 기자 | 무가지 | 구텐베르크 | **벌집** | 수입 | 독립성 | 정보 전달 | 기자 | 정글 | 가판대 | 1881년 7월 29일 법 | 알베르 롱드르 | 매그넘 | 마케팅 | 탄생 | 뉴스 통신사 | 객관성 | 피플 | 프티 주르날 | 프레스 투어 | 자질 | 위험 | 풍자 | 특종 | **구독자** | 국가 보조금 | 땡땡 | 트위터 | 지하신문 | 노동조합 | 효용성 | 직업윤리 | 워터게이트 | 위키리크스 | 정보원 | 요미우리 신문 | 에밀 졸라

1881년 7월 29일 법

프랑스의 '1881년 7월 29일 법'은 표현의 자유를 확고히 하고 기자라는 직업을 법제화하기 위한 법률이다. 그렇다고 기자에게 무엇이든 다 해도 되는 권리가 있다는 뜻은 아니다.

Laws of 1881

"사상 및 의견의 자유로운 교환은 인간의 귀중한 권리다. 따라서 모든 시민은 자유롭게 언론과 저술 활동을 할 수 있으며, 그 결과물을 출판할 수 있다. 다만 자유의 남용에 대해서는 법률이 정한 바에 따라 책임을 진다."

1789년 8월 4일 발표된 프랑스 인권 선언 제11조는 언론의 고귀함을 언급한 최초의 조항이었다. 하지만 기자의 직업 활동을 보호하는 법률이 제정되기까지는 그 뒤로 100여 년이 더 걸렸다.

프랑스 국회는 우파와의 힘겨운 싸움 끝에 1881년 7월 29일 드디어 언론의 자유에 대한 첫 번째 법을 통과시켰다. 새로운 법률의 제정 후, 언론의 자유가 더는 공허한 외침으로만 여겨지지 않게 되었다. 출판 전에 보증인을 세우고 당국의 사전 허가를 받아야 했던 절차가 사라졌다. 국민 누구나 아주 간단한 과정만 거치면 자기만의 신문을 발행할 권리를 가지게 되었다.

'1881년 7월 29일 법'은 언론의 자유를 인정하기도 하지만 한편으로는 언론의 범법 행위에 대한 처벌 규정을 명시한다. 대통령에 대한 공격, 잘못된 정보의 유포 등 공중도덕에 반하는 범법 행위, 개인의 명예와 사회적 평판에 훼손을 입힐 수 있는 모욕처럼 개인에게 피해를 주는 범법 행위가 처벌의 대상이다. 범법 행위가 발각되었을 때 재판을 받고 우선적으로 책임을 지는 사람은 발행인이지만 기사를 쓴 기자 역시 위법 행위에 가담한 공모자로 간주된다.

시간이 흐르고 기자라는 직업이 정착함에 따라 새로운 법률도 생겨났다. 기자는 개인의 사생활과 초상권을 존중할 의무가 있으며, 미성년자를 보호해야 하고, 홀로코스트를 부인하거나 인종 차별에 찬성해서는 안 된다. 그리고 기자에게는 현재 재판이 진행 중인 사건을 다룰 때 예심에 참여할 수 없음을 뜻하는 '예심 비밀의 규정'과 '무죄 추정의 원칙'을 지켜야 할 의무가 있다.

한국도 헌법에 언론의 자유를 명시하고 있다. 헌법 제21조 1항인 "모든 국민은 언론의 자유를 가진다."는 조항이다. 또 헌법 제

정정 보도

프랑스의 1881년 법에 따르면 신문 기사에 언급된 사람은 누구나 기사 내용에 대한 반론을 게재할 권리가 있다. 기사에서 언급되었던 사람이 반박문을 보내왔을 경우, 발행인은 3일 이내에 그것을 신문에 게재할 의무가 있다. 규정상 반박문은 원래 기사와 정확히 같은 위치에 동일한 글자 크기로 실려야 한다. 발행인은 반박문 게재 일자를 연기할 수 있지만 게재 자체를 거부할 수는 없다. 그리고 원래 기사를 썼던 기자는 반박문의 오른쪽 아래에 다시 반론을 쓸 수 있다. 최종 변론도 들어보아야 하기 때문이다.

21조 2항에 따라 언론, 출판에 대한 허가제와 검열 제도는 금지된다. 언론의 자유를 보장하기 위해서다.

● 연관 키워드

Londres Albert

알베르 롱드르

작가이자 기자였던 프랑스인 알베르 롱드르는 사회 참여와 심층 르포 영역
의 기준을 정립했다고 평가받는 인물이다. 1914년 9월 19일 알베르 롱드르
와 사진가 모로는 랭스 대성당 폭발 현장에 있었다. 이틀 뒤 알베르 롱드르
의 첫 번째 르포가 일간지 《르 마탱》의 1면을 장식했다.

이 강렬한 경험을 한 뒤 일개 국회 가십난 담당자였던 롱드르의 머릿속은 한 가지 생각으로 가득 찼다. 현장 르포를 쓰자! 그런데 롱드르가 다니던 신문사는 그에게 르포를 쓸 기회를 주지 않았다. 결국 롱드르는 자신이 꿈꾸는 일을 할 수 있게 해 주는 신문사를 직접 찾아다니며 프리랜서 기자로 일했다.《프티 주르날》에는 발칸 반도에서 벌어진 제1차 세계 대전을 취재해 실었고《렉셀시오》에는 구소련에 잠입해서 쓴 르포를 실었으며,《르 프티 파리지앵》에 글을 쓰기 위해 아시아로 향했다. 알베르 롱드르는 세계 곳곳을 종횡무진으로 활동하며 자신의 체험을 바탕으로 한 생생한 현장 르포를 써냈다.

알베르 롱드르는 르포를 쓸 때 그저 자기가 본 것을 묘사하는 데 그치지 않고 한 걸음 더 나아가 세상의 불의를 고발했다. 롱드르의 유명한 르포로는 기아나에 위치한 교도소의 비인간적인 생활 환경을 고발한 〈감옥에서〉, 러시아 민중의 고통을 다룬 〈소비에트 러시아에서〉, 세계적인 프로 사이클 경기 '투르 드 프랑스' 경주자의 엄청난 육체적 고행을 이야기한 〈길 위의 노예들〉, 정신 병원 환자에 대한 부당한 처우를 고발한 〈미친 사람들의 집〉, 아르헨티나에 사는 프랑스인 매춘부를 다룬 〈부에노스아이레스의 길〉, 식민지 개발에 따른 문제를 다룬 〈흑단의 땅〉 등이 있다.

롱드르의 글은 늘 정곡을 찔렀다. 〈감옥에서〉를 읽은 사람들은 기아나 교도소에서 벌어지고 있는 사태에 큰 충격을 받았고 결국 기아나의 총독은 해고당했다. 문제의 교도소가 완전히 철거되기까지 몇 년이 더 걸리기는 했지만, 적어도 롱드르의 글 덕분에 세상이 조금 더 나은 곳이 되었다는 사실은 확실하다.

1932년 5월 16일 알베르 롱드르는 대형 여객선 필리파 호에 타고 가던 도중 배에서 발생한 화재 사고로 죽고 말았다. 당시 롱드르는 굉장히 예민한 사안에 대한 특종을 가지고 있었다고 한다. 그의 폭로를 막으려던 사람이 있었을까? 확실한 대답을 해 줄 수 있는 사람은 아무도 없다. 하지만 롱드르에게 그 특종의 내용을 자세히 들었다던 어떤 부부도 프랑스에 돌아온 직후 비행기 사고로 죽었다. 그 부부의 죽음은 롱드르의 죽음에 어떤 음모가 있었을 거라는 의혹을 더욱 증폭시켰다.

알베르 롱드르의 딸 플로리즈 롱드르는 1933년 '알베르 롱드르 상'을 제정했다. 알베르 롱드르 상은 매년 위대한 기자 롱드르의 사망일 5월 16일을 기념하며 프랑스어로 기사를 쓰는 40세 이하의 기자 중 최고의 기자를 선정하여 시상한다.

●연관 키워드

사건·사고 | 광고 | 홍보 담당자 | 이중 매체 | 블로거 | 단신 | 지역 신문 | 언론 재벌 | 의심 | 멸종 | 축제 | 프리랜서 기자 | 무가지 | 구텐베르크 | 벌집 | 수입 | 독립성 | 정보 전달 | 기자 | 정글 | 가판대 | 1881년 7월 29일 법 | 알베르 롱드르 | 매그넘 | 마케팅 | 탄생 | 뉴스 통신사 | 객관성 | 피플 | 프티 주르날 | 프레스 투어 | 자질 | 위험 | 풍자 | 특종 | 구독자 | 국가 보조금 | 땡땡 | 트위터 | 지하신문 | 노동조합 | 효용성 | 직업윤리 | 워터게이트 | 위키리크스 | 정보원 | 요미우리 신문 | 에밀 졸라

매그넘

Magnum

최초의 사진 전문 통신사는 1947년에 설립되었으며 오늘날에도 여전히 가장 명망 높은 사진 전문 통신사로 인정받고 있다.

찰칵

Magnum

최초의 사진 전문 통신사 '매그넘 포토스'는 네 명의 사진가로부터 시작되었다. 로버트 카파, 앙리 카르티에 브레송, 조지 로저, 데이비드 시모어는 모두 제2차 세계 대전의 처참함에 큰 영향을 받은 사람들이다. 영국인 조지 로저는 1940년에서 1941년까지 런던 폭격 현장에서 사진을 찍었으며 최초로 베르겐벨젠 유대인 수용소에 들어간 사진가였다. 앙리 카르티에 브레송은 전쟁 중 짧지 않은 시간을 독일군 기지에 갇혀 지냈다. 데이비드 시모어는 미국 비밀검찰국에서 일한 적이 있고, 헝가리 태생의 귀화 미국인 로버트 카파는 1944년 6월 6일 노르망디 상륙 작전 때 연합군과 동행했던 유일한 사진가였다.

전쟁이 끝난 뒤 네 명의 사진가는 각자의 손에 카메라를 들고 새로운 세상을 재건하는 일에 참여하기를 시도했다. 그들은 현실을 증언하고, 세상을 보는 새로운 방식을 제안하려 했다. 매그넘 포토스의 네 창립자는 보도 사진가인 동시에 예술가였다.

매그넘 포토스는 출발부터 다른 통신사와 확연히 달랐다. 매그넘 포토스는 평범한 기업이 아니라 사진가 회원 개개인이 공동 주주로서 동일 지분을 가지고 있는 일종의 협동조합이다. 물론 아무에게나 매그넘 포토스의 정회원이 될 수 있는 기회가 주어지지는 않는다. 우선 4년에서 8년이 걸리는 엄격한 후보 검증 절차를 거치고 나서 준회원이 될 수 있고, 준회원 단계를 거친 뒤에야 정회원이 될 수 있다. 매그넘 포토스가 특별한 또 하나의 이유는 매그넘 포토스의 회원이 찍은 사진의 저작권을 사진을 실은 잡지 측에 넘기지 않고 사진가에게 남겨 놓는다는 원칙이다.

요즘에는 매그넘 정신을 지향하는 사진조차 인터넷을 통해 무료로, 빠르게 배포되는 사진의 홍수와 경쟁해야 한다. 물론 이 시합은 불공평하다. 하지만 최근에도《시무아6》같은 포토저널리즘 잡지가 성공을 거둔 것을 보면 여전히 희망은 남아 있다. 매

사진의 가격은 어떻게 정해질까?

신문사의 도판 담당자는 기자가 작성한 글에 함께 실을 사진을 찾는 사람이다. 도판 담당자는 보통 프리랜서 사진가나 사진 전문 통신사와 직접 접촉하며 일한다. 도판 담당자는 다양한 사진을 받아서 편집국장이나 디자인 팀장과 함께 신문에 쓸 사진을 선별한다. 사진 사용권의 가격을 협상하는 것도 도판 담당자의 일이다. 사진 한 장의 가격은 사진의 크기, 사진이 사용될 위치, 사진이 실릴 간행물의 판매 부수에 따라서 달라진다. 사진의 가격은 사진을 한 쪽의 구석에 실을 때보다 표지나 1면에 실을 때 더 비싸고, 간행물의 판매 부수가 많을수록 비싸다.

그녕의 네 창립자가 시작한 사회 참여적이고 인간적인 사진의
미래는 밝다.

1

마케팅

신문을 판매하는 일은 돈과 직접적으로 관련된 문제다. 전국 고등학교 순위, 부동산 가격, 살 빼는 방법, 새 학기 풍경, 요통 치료, 새해 풍경 등이 마케팅 때문에 생겨나는 '마로니에'의 소재다.

Marketing

해마다 일정한 시기가 되면 다시 돌아와 신문에 실리는 주제를 '마로니에'라고 부른다. 프랑스어로 밤나무를 뜻하는 마로니에는 1792년 튈르리 공원에서 전사한 스위스 용병의 무덤 위에 밤나무를 심었던 일에서 비롯된 명칭이다. 매년 3월 20일이 되면 이 밤나무에 꽃이 피었고, 그래서 신문에는 매년 같은 날짜에 같은 내용의 기사가 실리게 되었다.

이제 마로니에는 예전처럼 시적이지 않다. 오늘날의 마로니에는 더 많은 독자를 끌어들이기 위한 일종의 마케팅 수단이다. 대부분의 사람들은 아이를 키우고 있거나, 요통에 시달리고 있거나, 여름이 오기 전에 얼른 살을 빼고 싶어 하니까 말이다.

이렇듯 최대한 독자를 확보하려는 언론사의 행보에는 위험한 면이 있다. 무분별한 마케팅이 정보의 획일화를 초래하거나 편집 방향을 흐리게 할 수도 있기 때문이다. 편집 디자인 팀장은 때때로 판매 부수를 늘리기 위한 '낚시용' 표지나 파격적·선정적인 표지를 만들라는 강요를 받기도 한다. 독자가 잡지를 펼쳐 보았을 때 잡지 속의 내용이 표지를 보고 기대했던 내용과 전혀 다르다 해도 이미 잡지를 산 뒤니 상관없다는 의도다. 업계에서는 이러한 작업을 '표지에 힘준다.'고 부른다.

사과처럼
빵빵해지면 안 되죠.

그러니

사과를 드세요!

　잡지나 신문사에서 구독자 모집을 담당하는 부서는 새로운 정기 구독자에게 줄 선물을 고르는 일을 한다. 자명종, 손목시계, 네비게이션……. 게다가 낱권으로 잡지를 구매하는 독자의 환심도 사야 한다. 잡지는 '부록'이라고 불리는 물건으로 독자를 유인한다. 어린이 잡지는 부록으로 미니 탁구대를 주고 여성 잡지는 유행하는 원피스나 화장품 파우치를 준다. 매호 새로운 부록을 끼워 주면서 더 내릴 수 없을 정도로 싼 값에 잡지를 팔기까지 한다. 하지만 쏟아지는 선물 세례가 가끔 독자의 발길을 돌려 버릴 때도 있다. 독자의 구매를 끌어내는 가장 중요한 요소는 무엇보다 기사의 내용이니까.

물론 기자도 매체의 수익성을 고민해야 한다. 그래서 기자는 미담이나 특별한 증언을 찾아 헤맨다. '지리적 접근성의 법칙'을 활용하기도 하는데, 지리적 접근성의 법칙이란 사망자 수를 사건 장소와 이곳 사이의 거리로 나눈 결과가 클수록 사람들의 관심을 끌 수 있다는 유명한 법칙이다. 예컨대 독자는 아랫집에서 일어난 살인 사건이 지구 반대편에서 수천 명이 죽은 사건보다 더 큰 중요성을 갖는다고 느낀다.

탄생

1988년 5월 15일 일간지 《한겨레》가 탄생한 순간으로 돌아가 보자. 다른 신문과는 다른 이 신문의 비범한 잉태 과정을 살펴 보는 것이다!

1974년: 《동아일보》 백지 광고 사태

1972년 시작된 박정희 정권의 유신 통치로 언론은 심각한 탄압을 받게 되었다. 이에 기자들은 1974년 '자유언론수호대회'를 열었고, 《동아일보》에 자유언론수호대회의 결의문과 인권 운동, 야당 인사에 대한 기사를 싣기 시작했다. 정부는 기자의 저항을 저지하기 위해 광고주가 《동아일보》에 광고를 싣지 못하도록 했다. 그 결과 1974년 12월 26일 《동아일보》의 광고면은 백지인 상태로 발행되었다.

1975년: 기자 해직

백지 광고 사태 이후 국민들은 《동아일보》에 응원의 광고를 실어 광고면을 채웠다. 이때 격려 광고 1만 352건이 실렸다고 알려져 있다. 작은 광고 여러 개가 모여 거대 기업의 광고를 대신했다. 하지만 정권의 압박을 견디지 못한 《동아일보》는 결국 기자들을 해고했다.

1975년 3월 한 달 동안 약 40명의 기자가 해고되었고, 사측은 기자들을 전원 해고하겠다는 협박도 서슴지 않았다.

1988년: 성공적인 창간

1980년 전두환 정권은 각 도(道)당 한 개의 언론만 남기고 모든 언론사를 통폐합했다. 이때 해직된 기자와 《동아일보》의 해직 기자들을 중심으로 새로운 언론을 창간하려는 움직임이 일었다. 1987년에 구성된 창간위원회는 1988년 《한겨레신문》 첫 호를 발간하는 데 성공한다(《한겨레신문》은 1996년 《한겨레》로 이름을 바꾸었다).

《한겨레》는 세계에서 유일무이한 '국민주 신문'이다. 국민주 신문은 사장 한 사람이 신문사의 주인 노릇을 하는 보통 신문사의 구조와 다르다. 국민의 자본금으로 신문을 창간하고, 자본금을 낸 사람에게 주식을 배분해 주주가 되도록 하는 방식으로 운영된다. 신문이 특정 자본에 종속되어 언론의 자유를 제한당하는 일을 방지하기 위해서다. 《한겨레》는 2만 7,223명의 시민이 50억 원의 기금을 모금하여 창간했다.

《한겨레》는 한국 언론 최초로 편집위원장을 직선제로 선출하기 시작했고, 종합 일간지 최초로 한글 전용과 가로쓰기를 사용했다.

● 연관 키워드

사건 · 사고 | 광고 | 홍보 담당자 | 이중 매체 | 블로거 | 단신 | 지역 신문 | 언론 재벌 | 의심 | 멸종 | 축제 | 프리랜서 기자 | 무가지 | 구텐베르크 | 벌집 | 수입 | 독립성 | 정보 전달 | 기자 | 정글 | 가판대 | 1881년 7월 29일 법 | 알베르 롱드르 | 매그넘 | 마케팅 | 탄생 | 뉴스 통신사 | 객관성 | 피플 | 프티 주르날 | 프레스 투어 | 자질 | 위험 | 풍자 | 특종 | 구독자 | 국가 보조금 | 땡땡 | 트위터 | 지하신문 | 노동조합 | 효용성 | 직업윤리 | 워터게이트 | 위키리크스 | 정보원 | 요미우리 신문 | 에밀 졸라

뉴스 통신사

정보의 전문가, 뉴스 통신사. 통신사는 어떻게 하루 동안 지구상에서 벌어지는 모든 일을 빠짐없이 다룰 수 있을까?

News agency

뉴스 통신사는 1832년 프랑스의 샤를 루이 아바스가 처음 만들었다. 원래 은행원이었던 샤를 루이 아바스는 외국에서 들어오는 뉴스를 번역해서 언론사에 팔기 시작했다. '아바스 통신사'는 1944년에 '프랑스 통신사(AFP, Agency France Press)'로 이름을 바꾸고 영국의 로이터, 미국의 AP통신과 함께 세계 3대 통신사 중 하나로 자리매김했다. 뉴스 통신사는 기사, 사진, 동영상, 그래프, 도표, 지도 등 다양한 형태의 콘텐츠를 생산하고 이 자료를 여러 언론사가 쓸 수 있도록 공개한다. 물론 언론사는 뉴스 통신

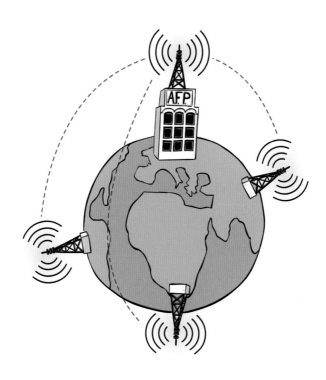

사가 생산한 콘텐츠를 사용하기 위해 정해진 정보 사용료를 지불한다.

　뉴스 통신사의 경쟁력은 정보망의 탄탄함에 있다. 프랑스 통신사를 예로 들어 보자. 프랑스 통신사는 워싱턴, 몬테비데오, 파리, 니코시아, 홍콩에 5개의 취재 본부를 두고 전 세계 165개 국가에 상주하는 수많은 팀을 관리하며 뉴스를 취재한다. 전 세계에서 일하는 2,900명가량의 프랑스 통신사 취재원은 80개가 넘는 다양한 국가의 사람들이다. 지구상 어디에서든 사건이 일어나면 즉시 출동해서 취재할 준비가 되어 있는 셈이다. 통신사 취재원의 역할은 기사, 특히 속보를 써서 최대한 빨리 해당 통신사의 정보 집결소에 전송하는 일이다. 일단 속보가 작성되면 통신사의 부장 기자가 기사를 검토한다. 부장 기자는 보통 현장에 직접 취재를 나가지는 않지만 사회, 정치, 문화 등 해당 주제에 정통한 기자가 맡는다. 부장 기자를 거쳐 통과된 기사는 통신사 배급 뉴스에 포함되어 각종 언론사 편집실에 도달한다.

　프랑스 통신사의 경우 주로 영어, 프랑스어, 스페인어, 독일어, 포르투갈어, 아랍어로 기사를 작성하고 다른 통신사와 협상을 맺어 일본어와 중국어로도 뉴스를 배포한다. 프랑스 통신사에 가입한 언론사는 프랑스 통신사가 배포하는 뉴스는 무엇이든 자유롭게 사용할 수 있다. 통신사에 가입한 언론사의 기자는 통신사에서 받은 기사를 재료 삼아 새로운 요소를 추가하고 살을 붙여 기사를 쓰기도 한다. 물론 텔레비전과 라디오 기자도 통신사 뉴스를 활용한다. 통신사 뉴스는 일종의 알람 역할을 한다. 언론사 기자는 컴퓨터 모니터 위로 쏟아지는 통신사 뉴스를 보고 어떤 뉴스를 구독자에게 전달할지 결정한다.

이렇듯 '정보의 거인'이라고 할 수 있는 거대 종합 통신사 외에 주식, 교육 등 특정 분야만 전문적으로 다루는 중소 통신사도 있다. 정보원을 풍부하게 하는 전문 분야 통신사 역시 매우 중요하다.

사진 전문 통신사

신문에 실리는 보도 사진도 대부분 세계 3대 뉴스 통신사의 사진 서비스가 제공한다. 하지만 '시파 프레스'나 '아바카 프레스'처럼 보도 사진을 전문으로 배포하는 사진 전문 통신사도 있다. 모든 분야를 전반적으로 다루는 종합 사진 통신사 외에 과학, 자연, 관광, 인물, 경제 등 한 분야에 특화된 사진 통신사도 존재한다.

● 연관 키워드

사건 · 사고 | 광고 | 홍보 담당자 | 이중 매체 | 블로거 | 단신 | 지역 신문 | 언론 재벌 | 의심 | 멸종 | 축제 | 프리랜서 기자 | 무가지 | 구텐베르크 | 벌집 | 수입 | 독립성 | 정보 전달 | 기자 | 정글 | 가판대 | 1881년 7월 29일 법 | 알베르 롱드르 | 매그넘 | 마케팅 | 탄생 | 뉴스 통신사 | 객관성 | 피플 | 프티 주르날 | 프레스 투어 | 자질 | 위험 | 풍자 | 특종 | 구독자 | 국가 보조금 | 땅땅 | 트위터 | 지하신문 | 노동조합 | 효용성 | 직업윤리 | 워터게이트 | 위키리크스 | 정보원 | 요미우리 신문 | 에밀 졸라

객관성

일반적인 생각과 달리 기자는 절대로 객관적일 수 없다. 왜 그럴까?

Objectivity

기자는 매일 모니터 위에 뜨는 수많은 뉴스 중 하나를 선별하느라 고민한다. 뉴스의 우선순위는 그날의 시사성에 의해 결정된다. 지금 이 순간과 상관없는 주제를 다루는 사안보다는 지금 이 순간 일어나고 있는 일, 즉 '뜨거운 이슈'를 먼저 이야기해야 하기 때문이다. 어떤 주제가 뜨거운 이슈인지 판단하는 것은 기자의 재량이다.

똑같은 뉴스도 어떻게 다루느냐에 따라 매우 다양해진다. 같은 뉴스를 다루는 다양한 시각을 '앵글'이라고 부른다. 예를 들어 보자. 2010년 1월 12일 아이티를 뒤흔들었던 대지진 사건을 다루는 기사는 앵글에 따라 매우 다양했다. 재해민 구호 조직에 대한 기사, 지진에 대한 과학적 설명 기사, 재해 지역에서 부모를 잃은 아이들의 불행한 처지에 대한 기사……. 기사의 앵글은 편집 회의에서 결정한다. 신문은 언제나 한 사건에 대해 최대한의 정보를 제공하려고 노력하지만 어떤 사건을 모든 각도에서 분석하는 일은 불가능하다. 그래서 신문은 그 신문만의 시선인 앵글을 중시한다.

기자는 로봇이 아니다. 무엇이 독자에게 도움이 될까를 고려해 뉴스를 선택할 때도 있고 자기 내면의 소리에 따라 선택을 할 때도 많다.

교육, 정치, 영화, 환경, 경제 등 기자의 전문 분야에는 기자의 성향이 반영되어 있다. 특히 한 분야를 전문으로 다루는 매체의 기자는 해당 분야에 익숙하다. 진심으로 환경 문제에 감화되지 않고 환경에 대해 이야기하기는 어려우니까. 결국 기자의 일은 객관성과는 거리가 멀다고 할 수 있다. 기자는 오히려 주관적으로 일하는 편이다.

불법 체류자, 노숙자, 실업자 같은 취약 계층을 보호하는 일에 자신의 몸과 마음을 바치는 기자도 있다. 이러한 일은 어느 정도의 위험을 수반한다. 기자의 가장 중요한 임무는 사실을 밝혀내고 검증하는 일인데, 다루는 주제에 너무 가까워지면 기자와 활동가 사이의 경계가 흐려지기 때문이다. 하지만 누구도 기자의

〈노동 OTL〉

기자들은 때로 어떤 주제나 상황을 더욱 잘 다루기 위해 기자라는 신분을 감춘 채로 불법 체류자, 노숙자, 이민자 같은 특정 집단 속에 들어가 수개월을 보낸다. 2009년 시사 주간지 《한겨레21》의 몇몇 기자가 각자 한 달 동안 비정규직 저임금 노동자로 위장 취업했다. 그리고 그 체험을 토대로 〈노동 OTL〉이라는 특집 기사를 연재했다. 이 기사는 《4천원 인생: 열심히 일해도 가난한 우리 시대의 노동일기》라는 책으로 만들어졌다.

주관성이나 사회 참여 자체를 비난할 수는 없다. 기자의 부정직함은 비난받아 마땅하지만 말이다.

피플

잡지 《피플》은 대체 누가 읽을까? 나는 아니야! 나는 아니야! 다들 아니라고 한다. 그럼에도 《피플》의 전 세계 구독자 수는 1천 6백만 명에 이르고, 구독자의 대부분은 여성이다. 인정하려는 사람은 없지만 누구나 다 《피플》을 읽고 있다!

《피플》은 한국에서는 주로 인터넷 매체가 담당하는, 연예 뉴스를 전문으로 다루는 주간지다. 감각에 호소하는 언론 매체의 성공이 처음 있는 일은 아니다. 하지만 대중이 공적 인물의 사생활에 이렇게 열광하게 된 것은 꽤 최근의 현상이다.

2000년대 초반부터 사생활 폭로형 언론이 활개쳤다. 예전에는 호화 부유층에만 국한되었던 사생활 폭로의 폭이 이제는 연예인의 사생활, 수영복을 입은 정치계 인사의 휴가 모습으로까지 넓어졌다. 이러한 관음증에는 한계가 없어 보인다. 과연 잘못은 누구에게 있는 걸까? 게걸스럽게 폭로를 탐식하는 독자? 무엇이든다 이야기하고 보여주기를 서슴지 않는 기자? 어느새 자신의 유명세에 적응해서 떠들썩하게 소송을 걸어 적지 않은 보상금을 손에 넣는 유명인?

《피플》은 도둑 촬영에 특화된 사진가 집단 '파파라치'에 의존하고 있다. '파파라치'라는 단어를 만든 사람은 이탈리아 영화감독 페데리코 펠리니다. 영화 '인생은 아름다워'에는 인기 연예인을 쫓아다니며 사진을 찍어대는 젊은 사진 기자가 등장하는데, 그의 이름이 파파라초다. 파파라초라는 이름을 복수형으로 만들어 파파라치라는 단어가 생겨났다. 《피플》은 파파라치 없이 존재하기 어렵다. 파파라치는 거대한 망원 렌즈를 장착한 사진기를 들고 스타를 따라 움직인다. 하지만 요즘에는 파파라치라는 직업도 고비를 겪고 있다. 인터넷이 발달하면서 파파라치만의 특종을 잡기가 어려워졌기 때문이다.

파파라치와 '알 권리'

유명인의 사생활을 폭로하는 파파라치가 자신의 일을 자랑스러워하는 경우도 있다. 자신이 국민의 '알 권리'를 위해 일한다는 이유에서다. 하지만 알 권리란 어떤 사안을 알리는 행위가 공공성에 중대한 이익을 가져다준다는 판단이 전제될 때 사용할 수 있는 말이다. 유명인의 사생활을 아는 일이 공공의 이익과 무슨 상관이 있을까?

●연관 키워드

사건 · 사고 | 광고 | 홍보 담당자 | 이중 매체 | 블로거 | 단신 | 지역 신문 | **언론 재벌** | 의심 | 멸종 | 축제 | 프리랜서 기자 | 무가지 | 구텐베르크 | 벌집 | 수입 | 독립성 | 정보 전달 | 기자 | 정글 | 가판대 | 1881년 7월 29일 법 | 알베르 롱드르 | 매그넘 | 마케팅 | 탄생 | 뉴스 통신사 | 객관성 | 피플 | 프티 주르날 | 프레스 투어 | 자질 | 위험 | 풍자 | 특종 | **구독자** | 국가 보조금 | 땡땡 | 트위터 | 지하신문 | 노동조합 | 효용성 | 직업윤리 | 워터게이트 | **위키리크스** | 정보원 | 요미우리 신문 | 에밀 졸라

프티 주르날

1863년 프랑스에는 가격 혁신을 이루어 낸 새로운 신문이 등장했다. 그 이름은 바로 《프티 주르날》이다.

Petit Journal

"1수만 내고 신문 사세요!"

1863년 2월 1일, 이러한 외침과 함께 새로운 신문이 팔리기 시작했다. 새 신문의 창립자 무아즈 폴리도르 미요의 머릿속에는 한 가지 생각만이 가득했다. 지갑 사정에 관계없이 누구든 신문을 사 볼 수 있게 하자! 그때까지만 해도 신문 한 부를 사려면 3수 정도를 내야 했다(당시 1수는 한국 돈으로 10원 정도였다).

미요는 신문 가격을 내리기 위한 혁신적인 아이디어를 떠올렸다. 신문 크기를 줄이고 분량을 반으로 줄였다. 이름에 작다는 뜻의 '프티'라는 단어를 넣어 신문의 성격을 나타냈다. 계속해서 판형을 키우고 더 많은 읽을거리를 제공하기 위해 페이지 수를 늘린 다른 신문과는 반대로, 미요는 독자에게 덜 거추장스러운 크기와 더 짧은 기사를 제공했다. 게다가 《프티 주르날》은 오후 4시에 인쇄를 마쳐 야간작업을 피함으로써 인쇄에 드는 인건비를 획기적으로 줄였다. 그리고 또 하나, 《프티 주르날》은 대체로 흥미 위주의 기사를 실어서 당시 정치 신문에만 부과되던 인지를 구입하지 않아도 되었다. 이 또한 예산을 꽤 줄일 수 있게 해주었다.

새로운 신문은 매우 빠르게 독자를 확보했다. 《프티 주르날》

은 독자의 일상생활에 대한 이야기로 가득했다. 직장 생활, 지역 축제, 동네 카페, 주말 나들이……. 신문의 판매 수치는 특히 사건·사고 기사에 따라 오르내렸다. 사건·사고 기사에 지면이 많이 할당될수록 신문은 더 많이 팔렸다. 《프티 주르날》은 자극적인 소식을 주로 싣던 삼류 신문의 전통을 이어받았다. 격렬한 폭풍우, 다리가 다섯 개 달린 소가 태어난 일, 반인륜적 살인 사건 등 자극적인 기사에 많은 지면을 할당했고, 당대 최고의 작가들이 쓴 연재소설로 대미를 장식했다. 《프티 주르날》은 컬러로 된 부록을 삽입한 최초의 신문이기도 하다.

하지만 성공은 그리 오래가지 않았다. 독자가 《프티 주르날》이 취한 '반(反) 드레퓌스' 입장을 용서하지 않았기 때문이다(드레퓌스에 대해서는 '에밀 졸라' 항목에서 설명한다). 결국 《프티 주르날》은 판매 부수의 하락은 물론 도덕적 추락을 겪게 된다. 《프티 주르날》은 1940년 이후로 매달 비시 정부(1940년 프랑스가 독일과 정전 협정을 맺은 뒤 비시 지역에 세워진 친 독일 정부)의 지원금을 받으며 연명했지만 결국 1944년에 완전히 폐간되고 말았다.

● **연관 키워드**

사건·사고 | 광고 | 홍보 담당자 | 이중 매체 | 블로거 | 단신 | 지역 신문 | 언론 재벌 | 의심 | 멸종 | 축제 | 프리랜서 기자 | 무가지 | 구텐베르크 | 벌집 | 수입 | 독립성 | 정보 전달 | 기자 | 정글 | 가판대 | 1881년 7월 29일 법 | 알베르 롱드르 | 매그넘 | 마케팅 | **탄생** | 뉴스 통신사 | 객관성 | 피플 | 프티 주르날 | 프레스 투어 | 자질 | 위험 | 풍자 | 특종 | 구독자 | 국가 보조금 | 땡땡 | 트위터 | 지하신문 | 노동조합 | **효용성** | 직업윤리 | 워터게이트 | 위키리크스 | 정보원 | **요미우리 신문** | 에밀 졸라

프레스 투어

기자에게는 국내나 세계 방방곡곡을 유람할 수 있는 '프레스 투어' 요청이
들어오기도 한다.

Press tour

프레스 투어는 기자에게 주어지는 또 하나의 혜택일까? 아니다. 기본적으로 프레스 투어는 일을 하기 위해 떠난다. 현장 취재와 유사한 일종의 출장이다. 현장 취재의 경우 기차표 예매부터 인터뷰 대상자 선정까지 기자가 스스로 모든 사항을 준비하는 반면, 프레스 투어는 A부터 Z까지 모든 것을 주최 측 홍보팀이 준비해 준다는 점이 조금 다르다. 프레스 투어는 특정 행사나 장소를 언론에 소개할 목적으로 기획된다. 여기에는 박물관, 동물원, 애니메이션 스튜디오, 공장, 스포츠 경기, 관광지가 포함된다. 기자는 프레스 투어를 떠나기 며칠 전에 메일로 기차표와 호텔 예약증, 전체 일정표를 미리 받는다. 방문해야 할 장소와 인터뷰해야 하는 인물을 포함한 시간별 일정이 사전에 모두 짜여 있다. 기자의 자유를 제한하려는 수단일까? 프레스 투어에 대한 동료 기자의 이야기를 들어 보자.

"사실 특정 정보는 프레스 투어를 통하지 않으면 접근하기 어려운 경우가 많다. 개인적으로 현장 취재를 가는 것보다 프레스 투어를 가면 오히려 더 제대로 취재하고 있다는 느낌이 든다. 프레스 투어에서는 사전에 정해진 일정 이외에 인터뷰를 하거나 다른 자료를 요청할 수 있다. 프레스 투어를 기회로 어떤 회사를 방문하게 되었다면 그 회사의 노조를 만날 수 있고, 회사의 홍보 담당자가 사전에 정해주지 않은 새로운 사람과 인터뷰를 할 수 있고, 개인적으로 조사해 보고 싶은 어떤 일을 파헤치면서 오후 시간을 보내도 된다. 이는 기자 개인의 역량에 달린 일이고 제지하는 사람은 없다."

훌륭한 프로 기자라면 어떤 주제의 핵심에 다가가기 위해 적극적으로 여러 가지 요령을 활용해야 한다는 뜻이다. 게다가 전쟁 중인 나라에 진입하려면 인권 단체나 군대의 프레스 투어를 통하는 방법뿐인 경우도 많다.

가끔은 프레스 투어가 즐거운 공동생활이 되기도 한다. 기자들은 모두 같은 탁자에 모여 앉아 밥을 먹고 한 호텔에서 잠을 잔다. 프레스 투어가 며칠 동안 이어지면 기자와 홍보 담당자 모두 친구가 된다.

프레스 투어와 기자 정신

기자가 프레스 투어에 참가했다고 해서 꼭 그 행사나 장소에 대한 기사를 써야 하는 것은 아니다. 결국 최종 결정을 내리는 것은 기자 본인의 몫이기 때문에, 프레스 투어에서 소개 받은 내용이 독자의 흥미를 끌 수 없을 것 같다면 기사를 내지 않아도 된다. 프레스 투어에 대해서도 역시 보편적인 기자의 직업 윤리를 적용할 수 있다.

어떤 신문사는 프레스 투어를 아예 제한하고 어떤 신문사는 프레스 투어의 숙박비나 교통비를 자체 지불한다. 프레스 투어 주최 측의 목적이 정보 제공인지 홍보인지 구별하기 어려울 때가 많기 때문이다. 하지만 경제적인 이유로 무조건 프레스 투어를 승낙하는 신문사도 있다. 작은 신문사에서 일하는 기자는 프레스 투어가 아니면 현장 취재를 떠날 기회가 거의 없어서다. 사실 어디든 현장으로 떠나는 쪽이 책상에 앉아서 일하는 것보다는 더 즐겁기 마련이니까!

●**연관 키워드**

자질

혹시 기자가 되고 싶다고 생각하고 있을지도 모를, 이 책을 읽고 있는 여러분을 위해 기자라는 직업에 대한 모든 진실을 말해 주겠다. 다음은 기자라는 꿈을 가지기 전에 고려해 보아야 할 기자의 10가지 자질이다.

Qualification

1. 언어를 능란하게 구사해야 한다.

올바른 모국어로 글쓰기가 최우선 과제다. 그리고 외국어 한두 가지쯤은 구사할 수 있도록 노력해야 한다. 외국어는 정보원을 풍부하게 하기 위해 꼭 필요한 일이다. 외국어는 해외 특파원으로 일하기 위해서도 필요하다.

2. 호기심을 키워야 한다.

정보에는 크고 작음이 없다. 동네에서 일어나는 일부터 지구 반대편에서 벌어지는 일까지, 모든 일이 중요하다.

3. 스트레스를 다스릴 줄 알아야 한다.

일간지 기자는 매일 끊임없이 마감을 해야 한다는 스트레스를 받는다. 온라인 매체 기자는 더 심하다. 계속해서 기사를 생산해 내야 하니까!

4. 언제든 대기 상태여야 한다.

기자는 24시간 내내 기자여야 한다. 물론 어떤 직무를 맡고 있는지, 일하는 매체가 어떤 주기로 발행되는지에 따라 조금씩 다르다. 특히 정치, 사회 등 주요 분야의 취재 기자라면 뛰어난 기동력은 필수다.

5. 인내심은 많을수록 좋다.

대문으로 들어갈 수 없다면 창문으로 들어가는 방법을 찾아볼 수 있어야 한다.

6. 주변 사람 근처에서 사건의 냄새를 맡아야 한다.

기자는 주위에서 일어나는 모든 일에 관여해야 한다. 하지만 직접 참여해서는 안 된다. 참여는 전문 활동가에게 맡기자.

7. 얼굴에는 언제나 미소를 띠어야 한다.

뉴스 생산은 영원히 되풀이되는 작업이며 끊임없이 누군가를 만나는 일의 반복이다. 이왕이면 생기 있게 미끼를 던지는 편이 좋다. 뉴스를 낚는 것은 쉬운 일이 아니니까. 호감 가는 기자에게는 언제나 더 많은 정보가 들어오는 법이다.

8. 용기가 필요하다.

특히 르포를 쓰는 기자는 자기 사생활에까지 영향을 주는 강한 외압을 받기도 한다. 이를 이겨낼 용기가 있어야 한다.

9. 예리한 관찰자가 되어야 한다.

기자 일을 하다 보면 쏟아져 들어오는 뉴스를 분류하고 그중 중요한 뉴스를 정확히 골라내는 법을 배우게 된다.

10. 번개처럼 빨라야 한다.

일단 어떤 뉴스에 대해 확신이 섰다면 그 누구보다 빠르게 칼을 뽑아야 한다!

스스로 테스트해 보자

스스로 기자 일에 적합한 사람인지 알아보기 위한 가장 좋은 방법은 학교의 교내 신문 만들기나 지역 신문 발행에 참여해 보는 것이다. 청소년·청년들이 만드는 신문을 지원하는 기관에게 도움을 받을 수도 있다. 학생 기자도 프로 기자와 마찬가지로 기자의 직업윤리를 지켜야 한다.

●연관 키워드

사건·사고 | 광고 | 홍보 담당자 | 이중 매체 | 블로거 | 단신 | 지역 신문 | 언론 재벌 | 의심 | 멸종 | 축제 | 프리랜서 기자 | 무가지 | 구텐베르크 | **벌집** | 수입 | 독립성 | 정보 전달 | **기자** | **정글** | 가판대 | 1881년 7월 29일 법 | 알베르 롱드르 | 매그넘 | 마케팅 | 탄생 | 뉴스 통신사 | 객관성 | 피플 | 프티 주르날 | 프레스 투어 | 자질 | 위험 | 풍자 | 특종 | 구독자 | 국가 보조금 | 땡땡 | 트위터 | 지하신문 | 노동조합 | 효용성 | 직업윤리 | 워터게이트 | 위키리크스 | 정보원 | 요미우리 신문 | 에밀 졸라

R _{Risk} 위험

"니콜라 사르코지 대통령은 두 기자가 이미 명백한 감시하에 있음을 알고 있었으며, 그들에게 위험 부담이 크니 모험을 감행하지 말라는 확실한 요구를 한 바 있다. 그리고 여러 번에 걸쳐 두 기자의 무모한 행동이 잘못되었다고 언급했다."

Risk

위험 부담! 기자는 종종 쓸데없이 위험을 무릅쓴다는 비난을 받는다. 앞의 글은 2011년 1월 17일 탈레반에 의해 아프가니스탄에 잡혀 있던 두 기자 에르베 게스키에르와 스테판 타포니에 사건과 관련하여 당시 프랑스 대통령 비서실장이었던 클로드 게앙이 발표한 성명문이다. 이 성명문 발표는 기자의 위험 부담이 어떻게 받아들여지는지 알 수 있는 일화였다.

하지만 에르베와 스테판은 그들이 할 일을 했다. 그리고 2011년 6월 29일, 18개월의 억류 끝에 마침내 자유를 되찾은 뒤에도 두 기자는 멈추지 않고 자신의 일을 계속했다.

이들처럼 현장에서 전쟁을 취재하는 보도 기자는(종군 기자라고도 한다) 대중에게 뉴스를 전달하기 위해 매 순간 자기 목숨을 담보로 건다. 2008년부터 2010년 사이에 기자 납치 사건은 29건에서 51건으로 늘어났다. 국경 없는 기자회(RWB, Reporters without Borders)는 늘어나는 기자 납치 사건을 이렇게 평했다.

"이제 기자야말로 진정한 물물 교환 상품이 되었다. 납치범은 기자를 납치해서 자신의 범죄 활동에 필요한 예산을 마련하고 대치 중인 국가의 정부를 굴복시킬 수단으로 사용한다."

가장 극단적인 위험 부담은 역시 '물리적으로 제거당하는' 일이다. 2006년에 러시아 기자 안나 폴리트코프스카야가 살해되는 사건이 발생했다. 기자이자 인권 운동가였던 그녀는 지속적으로 블라디미르 푸틴 대통령에 대한 정치 비판을 해 왔다. 안나 폴리트코프스카야를 살해한 진범은 아직도 정확히 밝혀지지 않았지만, 러시아 당국은 그녀가 살해된 원인이 기자 활동 때문이라는 사실을 인정한 바 있다.

2011년 한 해에만 전 세계에서 66명의 기자가 살해당했다. 2010년에 살해당한 기자는 57명이었다. 기자 살해가 가장 빈번한 지역은 아시아, 그중에서도 파키스탄이다. 멕시코의 언론인은 마약 밀매상이 휘두르는 폭력에 노출되어 있다. '아랍의 봄'과 관련해 발생한 납치 사건들로 8명의 기자가 죽었고, 그중 다섯은 리비아에서 죽었다. 2012년에도 프랑스 기자 질 자키에가 시리아에서 취재를 하던 중 수류탄 공격으로 사망했다.

중국에서는 공산당이 정보의 흐름을 전부 관리하고 감시한다. 공산당의 검열은 인터넷에서도 이루어지는데, 수십 명의 블로거와 네티즌이 용기를 내어 자유롭게 의사를 표현했다가 교도소에 끌려갔다.

국경 없는 기자회

국경 없는 기자회는 1985년 네 명의 기자를 주축으로 만들어져 오늘날에는 세계의 언론 자유를 수호하는 가장 큰 기관이 되었다. 국경 없는 기자회는 매년 5월 3일을 세계 언론 자유의 날로 지정해 기념하고 있다. 국경 없는 기자회는 설립 이후부터 언론 자유를 훼손하는 사건에 대한 정보를 수집할 수 있도록 하는 일에 계속 힘을 쏟았다. 덕분에 이제는 언론 자유를 훼손하는 '약탈자'들의 리스트를 웹 사이트를 통해 업데이트 할 수 있게 되었다. 국경 없는 기자회는 전쟁을 취재하느라 일상생활 유지가 어려운 기자에게 기술적·법적 도움을 주는 일도 한다. 위급 상황에 처한 보도 기자가 사용할 수 있는 핫라인이나 보험을 제공하고 방탄복, 헬멧 등을 빌려준다. 또한 국경 없는 기자회는 뉴스 영웅들이 떠안게 되는 위험 부담을 줄이기 위해서 세계 모든 국가가 '분쟁 지역에서의 취재 기자 안전 헌장'을 채택하도록 촉구하기도 했다.

●연관 키워드

사건·사고 | 광고 | 홍보 담당자 | 이중 매체 | 블로거 | 단신 | 지역 신문 | 언론 재벌 | 의심 | 멸종 | 축제 | 프리랜서 기자 | 무가지 | 구텐베르크 | 벌집 | 수입 | 독립성 | 정보 전달 | 기자 | 정글 | 가판대 | 1881년 7월 29일 법 | **알베르 롱드르** | 매그넘 | 마케팅 | 탄생 | 뉴스 통신사 | 객관성 | 피플 | 프티 주르날 | 프레스 투어 | 자질 | 위험 | 풍자 | 특종 | 구독자 | 국가 보조금 | **땡땡** | 트위터 | **지하신문** | 노동조합 | 효용성 | 직업윤리 | 워터게이트 | 위키리크스 | 정보원 | 요미우리 신문 | 에밀 졸라

S Satire 풍자

프랑스 언론에서는 대상을 조롱하면서 비평하는 방식이 아주 오랜 전통으로 자리잡고 있다. 프랑스의 풍자 언론은 초기 신문 만화 작가의 판화 작업에서 탄생했다.

Satire

16세기로 시간을 돌려보자. 당시 프랑스에서 조롱의 대상은 종교 전쟁이었다. 한 세기가 지난 뒤에는 마자랭 추기경이 언론인의 조롱을 한몸에 받았다. 온갖 풍자문과 비방이 마자랭의 이탈리아식 악센트와 연인 관계, 엄청난 재산에 쏠렸다. 한 시대를 풍미한 '마자랭 풍자문'들은 목판화로도 그려졌는데, 역시 아주 대담한 내용이었다.

1789년, 혁명이 도래하자 풍자 언론은 대중을 더욱 매료시켰다. 풍자 신문《르 페르 뒤셴》은 4년 동안 줄곧 과격 공화파의 대변인 역할을 했다. 하지만《르 페르 뒤셴》의 창립자 자크 르네 에베르는 결국 단두대에서 처형되는 최후를 맞이했다. 이로써 한동안 사그라졌던 풍자의 불꽃은 루이 필리프 통치하에서 다시 살아났다. 풍자 언론은 과거의 실수를 되풀이하지 않으려 노력했다. 1830년에는 드디어 최초의 풍자 전문 주간지《라 카리카튀르》가 세상에 선을 보였다. 이 잡지는 오노레 도미에를 비롯해 실력 있는 풍자 만화가들을 고용해 팀을 구성했다. 어느 날 왕의 모습을 서양배처럼 그려 놓은 풍자 만화가《라 카리카튀르》에 실렸고, 창립자 샤를 필리퐁은 끊임없이 재판에 불려가게 되었다.

이러한 풍자의 유산을 물려받은 잡지가 있을까? 백 년에 가까운 전통을 가진 《르 카나르 앙셰네》가 있다. 모리스 마레샬이 1915년에 창간한 이 주간지는 당시 언론에 횡행하던 '조작된 프로파간다'를 고발하려는 목적으로 만들어졌다. 당시 신문은 하나같이 제1차 세계 대전의 잔학 행위에 대한 기사만 내보내고 있었기 때문이다. 《르 카나르 앙셰네》의 신조는 지금도 창간 당시와 똑같다. 정보를 주고, 웃음을 주고, 고발한다. 《르 카나르 앙셰네》는 항상 권력자의 부당한 행위에 맞서 싸웠다. 그리고 1970년대에는 또 하나의 임무가 추가되었다. 바로 수사하기다! 《르 카나르 앙셰네》는 여러 건의 정치 스캔들을 밝혀냈다. 《르 카나르 앙셰네》는 세금 명세서의 금액을 조작한 자크 샤방 델마스 전 프랑스 총리 사건, 발레리 지스카르 데스탱 대통령이 중앙 아프리카의 독재자 보카사에게 값비싼 보석 선물을 받은 사건 등을 폭로했다.

비교적 최근에 탄생한 풍자 매체로는 《샤를리 엡도》가 있다. 이 잡지는 1970년에 창간되었는데, 드골 장군이 사망했을 때 "콜롱베에서 일어난 비극 무도회: 한 명의 사망자 발생"이라는 제목의 기사를 내보냈다가 발행을 금지당했던 《하라 키리》가 이름을 바꾸어 새로 만든 잡지다. 《샤를리 엡도》는 한때 경영난으로 발행이 중단되었다가 1992년 재창간했다.

지금은 《르 카나르 앙셰네》와 《샤를리 엡도》 모두 순탄하게 발행되고 있다. 두 풍자 잡지의 성공에는 그들 특유의 비전통적 경영 방식 덕분에 다져진 신뢰가 바탕이 되었다. 이들은 광고 없이 오직 판매와 정기 구독 수익으로만 잡지를 꾸리고 있다. 그리고 기자 모두가 함께 잡지사를 소유할 수 있도록 소속 기자에게 주식 분배를 한다. 독자가 직접 지켜 주는 이중의 독립성인 셈이다.

위험한 풍자

한국 언론이 풍자의 방법을 사용하기는 꽤 어렵다. 유명인이나 정치인을 함부로 풍자했다가 명예훼손을 이유로 고소를 당할 수 있기 때문이다!

● **연관 키워드**

사건 · 사고 | 광고 | 홍보 담당자 | 이중 매체 | **블로거** | 단신 | 지역 신문 | 언론 재벌 | 의심 | 멸종 | 축제 | 프리랜서 기자 | 무가지 | 구텐베르크 | 벌집 | 수입 | 독립성 | 정보 전달 | 기자 | 정글 | 가판대 | 1881년 7월 29일 법 | 알베르 롱드르 | 매그넘 | 마케팅 | 탄생 | 뉴스 통신사 | 객관성 | 피플 | 프티 주르날 | 프레스 투어 | 자질 | 위험 | 풍자 | 특종 | 구독자 | 국가 보조금 | 땡땡 | 트위터 | 지하신문 | 노동조합 | 효용성 | 직업윤리 | **워터게이트** | **위키리크스** | 정보원 | 요미우리 신문 | 에밀 졸라

특종

Scoop

인터넷이 신문 고유의 임무를 침범했을까? 이제 특종을 잡을 기회는 누구에게나 열려 있다.

Scoop

2008년 8월 22일 일간지 《경향신문》은 KBS 사장 인선을 앞두고 대통령 실장, 청와대 대변인 등 청와대 인사와 방송통신위원장, KBS 고위 인사들이 회동을 가진 사실을 보도했다. 이런 것이야말로 진짜 '특종'이라고 할 수 있다. 다른 매체에서 발표되지 않았으며, 매우 중대한 내용이고, 정치적 무게를 지니고 있으며, 사회적으로 엄청난 반향을 불러일으키는 독점 뉴스! 앞서 언급한 사건은 언론이 정권의 시녀 노릇을 하고 있다는 상징으로 여겨져 방송·언론계를 비롯한 전 국민의 대대적인 반발을 불렀다.

그런데 웹 2.0 시대에도 기자가 독점적인 특종을 하는 일이 가능할까? 사실 요즘에는 누구든지 사건의 증인이 될 수 있는데다가, 자기가 목격한 바를 페이스북이나 트위터를 통해 유례없이 빠른 시간 안에 수백만 명의 사람과 자유롭게 공유할 수 있으니 말이다. 일반인도 '특종을 해냈다!'는 기분을 느낄 수 있게 된 것이다. 하지만 수개월 동안 대중의 입에 오르내릴 만한 진짜 독점적인 뉴스는 인터넷에서 찾아보기 어렵다. 완전한 특종은 여전히 전문 기자에 의해 밝혀지고 있다(나는 앞으로도 그렇기를 희망한다).

독점적인 뉴스를 찾는 일은 기자 고유의 취재 방식과 떼려야

뗄 수 없다. 이 까다로운 작업은 특히 예민한 주제를 장기적인 호흡으로 취재하는 르포 기자가 맡고 있다. 숨겨진 진실에 불을 밝히는 일이기에 아주 고귀한 임무라고 할 수 있다.

하지만 특종을 찾는 일이 단순한 속도 경쟁으로 변질되는 경우도 있다. '특종 사냥'이라는 표현도 틀린 말은 아니다. 기자는 늘 특종에 대한 압박을 받고, 자연스레 동료 기자와 경쟁을 한다. 당연히 동료에게 제쳐지느니 특정 뉴스를 제일 먼저 발표하는 기자가 되는 편이 훨씬 낫다. 그러다 보면 가끔은 잘못된 정보나 검증되지 않은 정보를 발표하기도 하는데, 이러한 뉴스를 오보라고 한다. 심지어 모든 매체가 발표한 특종이 거짓으로 판명되

인터넷 독립 매체 《뉴스타파》

과거 전통적인 언론 매체에만 한정되어 있던 특종은 이제 르포를 전문으로 하는 인터넷 사이트에까지 진출했다. 인터넷 독립 매체 《뉴스타파》가 그러한 경우다. 2011년 11월 전국언론노동조합 민주언론실천위원회가 《뉴스타파》를 구상했고 두 달 뒤 첫 방송을 시작했다. 《뉴스타파》는 조세 피난처와 페이퍼 컴퍼니, 여론 조작에 동원되는 탈북자 조직, 서울시 공무원 간첩 사건과 관련해 검찰이 제출한 출입국 기록이 조작된 것일 수 있다는 의혹 등 많은 특종을 해냈다. 《뉴스타파》의 특종을 보도하기 위해 다른 메이저 언론사의 기자들이 《뉴스타파》의 기자를 취재하는 웃지 못할 해프닝이 벌어지기도 했다.

는 일도 있다. 2004년 한 여성이 파리 고속전철에서 유태인 차별주의자에게 공격을 받았다고 주장했다. 하지만 자신이 피해자라고 주장한 그 여성의 고발은 거짓으로 밝혀졌다. 경찰서에 사건 고발이 들어왔다는 프랑스 통신사의 속보 한 편이 뜨자마자 모든 언론사가 그 '피해자' 여성을 낚아채려고 혈안이 되었다. 안타깝게도 언론사는 경찰의 수사 결과를 기다리지도 않았고 사건의 진상을 검증하지도 않았다.

구독자

Subscriber

신문을 구입하는 사람들은 누구일까? 어떤 사람들이 신문을 읽을까?
언론사는 구독자를 파악하는 일에 주의를 기울인다.

프랑스에서는 '배포 부수 공사 기구'라는 기관이 전국 신문의 판매 부수 집계를 담당한다. 1922년 설립된 배포 부수 공사 기구는 매년 전체 발행 부수, 가정에 배달되는 부수, 우편으로 배달되는 부수 등 모든 언론 매체에 대한 판매량을 집계해서 발표한다.

물론 신문사도 매번 자체 구독자 집계 수치를 신고한다. 모든 신문사는 이 집계에 엄청난 관심을 갖는데, 판매 부수 수치를 통해 자사는 물론 경쟁사의 판매량을 가늠하고 비교해 볼 수 있기 때문이다. 또한 신문의 판매 부수를 근거로 광고비를 더 높게 책정할 수 있다는 점도 빼놓을 수 없다. 많은 발행 부수는 곧 많은 독자가 그 신문을 읽고 있다는 뜻이고, 신문을 읽는 독자가 많을수록 신문의 광고란을 더 비싼 값에 판매할 수 있으니까.

결국 신문사는 신문의 발행 부수를 높이는 데 온 관심을 쏟게 된다. 발행된 신문을 정가에 팔 수 없다고 해도 개의치 않는다. 보통 구독자 수치는 발행 부수와 유료 부수를 구분하여 집계하는데, 유료 부수는 발행 부수의 약 70퍼센트 정도다. 발행 부수의 약 30퍼센트는 무료로 배포된다는 뜻이다. 예를 들어 어떤 일간지는 어떻게든 발행 부수를 부풀리기 위해 항공사 같은 곳에 할인된 가격으로 신문을 팔아넘기고는 한다. 믿거나 말거나지만, 한때 어떤 신문사는 막 인쇄된 신문을 그대로 고물상에 판다는 이야기가 있었다. 고물상은 폐지를 잔뜩 얻으니 좋고, 신문사는 판매 부수를 올리면서 짭짤한 부수입도 얻으니 좋다. 하지만 이들의 도덕관념은 생각해 볼 문제로 남는다.

신문을 정기 구독하도록 만들기 위해 자전거나 가전제품 같은 사은품을 끼워 넣기도 한다. 한국에서는 현금을 주기도 했다. 신문사는 이러한 방법으로 높은 광고비를 유지하고 있다. 독자 입장에서는 비행 중에 무료로 신문을 읽을 수 있고 공짜 자전거도

탈 수 있으니 고마울 따름이다. 어쩌면 모두에게 이득이 되는 일인지도 모르겠다.

한편 신문을 직접 구입하는 사람보다 신문을 읽는 사람의 수가 더 많다고 한다. 어찌 보면 당연한 일이다. 카페에서, 대합실에서, 기차나 비행기 안에서 신문 하나를 여러 사람이 돌려보기 때문이다. 지금은 인터넷으로 신문을 보는 사람도 많다.

● **연관 키워드**

사건 · 사고 | **광고** | 홍보 담당자 | 이중 매체 | 블로거 | 단신 | 지역 신문 | 언론 재벌 | 의심 | 멸종 | 축제 | 프리랜서 기자 | **무가지** | 구텐베르크 | 벌집 | 수입 | 독립성 | 정보 전달 | 기자 | 정글 | **가판대** | 1881년 7월 29일 법 | 알베르 롱드르 | 매그넘 | 마케팅 | 탄생 | 뉴스 통신사 | 객관성 | 피플 | 프티 주르날 | 프레스 투어 | 자질 | 위험 | 풍자 | 특종 | 구독자 | 국가 보조금 | 땡땡 | 트위터 | 지하신문 | 노동조합 | 효용성 | 직업윤리 | 워터게이트 | 위키리크스 | 정보원 | **요미우리 신문** | 에밀 졸라

Subsidy

국가 보조금

2010년 프랑스 정부가 언론에 지원한 국가 보조금은 약 1조 4000억 원이었다. 언론에 대한 공공 지원은 오래전부터 있었지만 그 규모는 1945년부터 본격적으로 커지기 시작했다.

Subsidy

비시 정권의 언론 규제와 전쟁의 트라우마를 겪고 난 뒤 프랑스 정부는 다시 언론의 자유가 꽃필 수 있도록 모든 언론사를 대상으로 동일한 지원을 제공하기로 결정했다. 오늘날에도 언론 지원 정책은 신문사 간의 차별 없이 시행된다. 프랑스의 출판물·통신사 동수 조정위원회(CPPAP, La Commission paritaire des publications et des agences de presse)에 등록된 신문사는 모두 정부의 지원 혜택을 받을 수 있다.

직접적인 지원으로는 유통에 관한 지원(우체국 우편 운송에 대한 지원, 프랑스 국가 철도를 이용한 운송에 대한 지원, 가정배달 비용 지원, 해외에서의 유통 지원)과 언론사 현대화에 대한 지원(온라인 언론 서비스 발전을 위한 지원)이 있다. 다양한 간접 지원 혜택도 있는데, 우선 신문에 붙는 부가 가치세율이 2.1퍼센트로 하향 조정된 바 있다. 판매량이 많지 않고 광고 수입이 낮은 일간지나 종합 주간지는 특별한 보조금의 혜택을 받는다.

제2차 세계 대전이 끝난 뒤 유럽의 각 나라는 자국의 언론을 지원하고 인쇄소를 설립했다. 이제 직접적인 지원이 거의 사라지고 있지만 프랑스의 지원 규모는 여전히 크다. 사실 지원 제도가 사라지면 몇몇 매체는 문을 닫게 된다. 그래서 국가는 지원금을 제공하는 방식으로 언론의 다양성을 보호하고자 하는 것이다. 언론의 다양성은 민주주의의 기둥이니까. 언론 운영비가 국가의 돈으로 충당되고 있다는 점을 항상 똑바로 인지해야 한다. 얼마든지 정치 세력이 언론사의 독립성을 흔드는 일이 생길 수 있기 때문이다.

한국에서 언론에 대한 국가 지원은 '한국언론진흥재단'이라는 준정부 기관을 통해 이루어진다. 한국언론진흥재단은 한국언론재단, 신문발전위원회, 신문유통원이 통합된 기관으로 민주적 여론 형성이라는 목표를 위해 일한다.

우선 신문 읽기 문화 확산을 위해 초중고생을 비롯해 대학생까지 아우르는 신문 읽기 교육 프로그램과 강좌를 지원한다. 구체적인 프로그램으로는 신문 논술 대회, 신문 활용 교육(NIE, Newspaper in Education) 등이 있다. 물론 학생에게 이러한 프로그램을 직접 제공해야 하는 교사를 교육하는 일도 언론진흥재단에서 맡는다.

언론진흥재단은 저널리즘의 품격 제고, 즉 언론의 질을 높이기 위해 일한다. 언론의 질을 높이기 위해 가장 우선되어야 할 일은 바로 기자의 능력을 갈고닦는 일이다. 따라서 언론진흥재단에서는 현직 기자를 교육시키는 일을 담당하며 양질의 뉴스 콘텐츠를 제작하는 데 드는 비용을 지원한다. 언론과 관련한 시민단체나 세미나, 행사를 지원하기도 한다. 언론계를 둘러싼 주위 환경도 골고루 발전할 수 있게 하기 위해서다.

언론진흥재단은 정부가 필요로 하는 광고를 대행해 각 신문이나 잡지, 인터넷 등의 매체에 게재하는 일을 하고 그 대가로 수수료를 받기도 한다. 또한 언론진흥재단은 주요 사업으로 지역 신문 발전기금 위탁 사업을 벌이고 있다. 한국 언론의 고른 발전을 지원하기 위해서다. 이 사업은 지역 언론과 정부뿐만 아니라 우리 모두가 관심을 가지고 지켜보아야 할 문제다. 지역 언론의 힘이 약해지면 우리 모두 언론의 다양성을 잃고 말 테니까!

● 연관 키워드

땅땅

Tintin

만화 주인공인 소년 기자 땅땅 덕분에 많은 아이들이 기자라는 직업을 꿈꾸게 되었다. 1930년대에 벨기에 만화가 에르제가 탄생시킨 어린 주인공 땅땅은 엄청난 속도로 전 세계를 돌아다니며 짜릿하기 그지없는 모험을 했다!

당신은 기자치고는 너무 어려 보이는데…

음, 하지만 전 1930년에 이미 첫 르포를 썼는걸요.

PRESS

PRESSE

① 자리에 직접 땅땅의 얼굴을 그려 보자!
② 자리에 직접 밀루의 얼굴을 그려 보자!

⭐ 보너스 게임 ⭐

Tintin

젊은 기자 중에는 르포 기자를 꿈꾸는 사람이 많다. 기자로서 이루어야 할 최종 목표로 생각하기도 한다. 어떠한 대가를 치르더라도 도달해야 할 열반의 경지랄까? 르포 기자는 이 기차에서 저 기차로, 이 비행기에서 저 비행기로 옮겨 다니며 직접 사건 현장에 가서 정보를 수집하는 사람이다. 무슨 일이 일어나고 있는지를 직접 관찰하고, 많은 사람을 취재하고, 꼭 가 볼 필요가 있다고 여겨지는 장소에 은밀히 접근하기 위해 자신의 정체를 숨긴다. 르포 기자는 사건의 핵심에 녹아들어 자기가 보고 듣고 만졌던 모든 사실을 세상에 보고한다.

르포를 쓰기 위해 필요한 취재의 형태는 다양하다. 근처에 혹시 위험이 도사리고 있지는 않을지 걱정할 필요 없이 그저 그 장소에 가기만 하면 되는 행복한 취재도 있다. 반면 분쟁 지역에서 이루어지는, 위험 부담이 큰 취재도 있다. 르포 기자는 언론을 완전히 통제한 금지 구역에 잠입하기도 한다. 그럴 때는 기자의 증언이야말로 지구 곳곳에서 어떤 일이 벌어지고 있는지를 대중에게 알려줄 수 있는 유일한 증거가 된다. 이러한 이유로 기자, 특히 아주 뛰어난 르포 기자는(물론 그들은 다양한 취재 경험 덕분에 뛰어난 기자가 되었다) 수많은 독자를 매료시킨다.

로봇 기자 '스탯츠 몽키'

언젠가는 로봇이 기자를 대신하게 될까? 2010년 3월 미국 연구진은 컴퓨터가 기사를 대신 작성해 주는 소프트웨어를 개발했다. 스탯츠 몽키라는 이 인공 지능 프로그램은 아직까지는 스포츠 경기 결과를 웹 사이트에 게시하는 정도로만 활용되고 있다. 스탯츠 몽키는 일단 인터넷 사이트에서 필요한 정보를 찾고 그 정보를 분류한다. 그리고 방대한 데이터베이스에서 어휘를 가져와서 문법이나 철자 오류가 없는 기사를 작성한다. 스탯츠 몽키가 작성한 기사는 '더 머신'이라는 필명으로 게시되는데, 실제 기자가 작성한 기사와 구별이 안 될 만큼 비슷하다.

하지만 현실에서는 극소수의 기자만이 만화 속 땡땡처럼 활동할 수 있다. 우선 대규모 취재는 비용이 아주 많이 들고 시간도 많이 걸린다. 사실 기자는 바깥에서 일하는 시간이 적다. 기자 업무의 대부분은 편집국 내에 상주하면서 책상 앞에서 하는 일이다. 정보를 수집하고 선별하는 일은 컴퓨터나 전화기 앞에서 이루어지기 때문이다. 땡땡의 모습과는 많이 다르다!

●**연관 키워드**

사건 · 사고 | 광고 | 홍보 담당자 | 이중 매체 | 블로거 | 단신 | 지역 신문 | 언론 재벌 | 의심 | 멸종 | 축제 | 프리랜서 기자 | 무가지 | 구텐베르크 | 벌집 | 수입 | 독립성 | 정보 전달 | **기자** | 정글 | 가판대 | 1881년 7월 29일 법 | **알베르 롱드르** | 매그넘 | 마케팅 | 탄생 | 뉴스 통신사 | 객관성 | 피플 | 프티 주르날 | 프레스 투어 | 자질 | **위험** | 풍자 | 특종 | 구독자 | 국가 보조금 | 땡땡 | 트위터 | 지하신문 | 노동조합 | 효용성 | 직업윤리 | 워터게이트 | 위키리크스 | 정보원 | 요미우리 신문 | 에밀 졸라

트위터

140자로 쏟아내는 정보, 트위터.

Twitter

실시간 정보를 텔레비전으로 보는 것은 이제 옛날 이야기다. 지금은 트위터가 있으니 말이다('Tweet'은 작은 새가 지저귀는 소리를 나타내는 영어 단어다). 요즘 우리는 140자로 전 세계에 풍문을 퍼뜨릴 수 있다. 세계적인 이슈가 전통적인 매체를 통해 중계되기 전에 트위터에서 먼저 퍼져 나간다. 윌리엄 왕자의 결혼식이나 교황의 시복식처럼 지구상에서 가장 웅장한 행사가 이제 기자는 물론이고 전 세계 30억에 가까운 트위터 사용자에 의해 실시간으로 중계된다.

트위터 정보망의 중요성을 깨달은 많은 기자들도 이미 트위터를 사용하고 있다. 언론 매체도 저마다의 트위터 계정을 통해 팔로워에게 실시간으로 뉴스를 보내 준다. 언론 매체의 트위터 계정이 다양한 주제에 대해 뛰어난 정보력을 가지고 있는 인물의 트위터 계정을 직접 팔로잉할 때도 있다. 오늘날 기자의 새로운 정보원은 트위터인 셈이다.

트위터의 큰형 격인 블로그가 그랬듯 트위터 역시 저널리즘과 트위터 사이의 경계에 대한 의문을 품게 만든다. 어떤 신문사 기자가 하나의 트윗을 남겼다고 하자. 이때 그 기자의 입장은 무엇일까? 그가 속해 있는 신문사 기자로서의 입장? 한 개인으로서 트위터는 특종의 제왕일까, 함정일까? 트위터는 온갖 루머의 온상이기도 해서, 트위터를 활용하려는 기자는 더욱 엄격하게 정보의 진위를 확인해야 한다. 2011년 7월 4일 미국 독립기념일에, 3만 4,000명의 팔로워를 거느린 미국 텔레비전 채널 폭스 뉴스의 트위터 계정이 버락 오바마 대통령이 사망했다는 소식을 발표했다. 그러나 이것은 오보로 판명되었다. 폭스 뉴스의 트위터 계정이 해킹을 당한 결과였다.

의 입장? 그리고 기자는 자신이 발견한 특종을 트위터에 먼저 발표할 권리가 있을까? 자신이 소속된 신문의 지면에 먼저 실리도록 잠깐 기다려야 할까? 신문에 실릴 때까지 기다리는 경우에는 똑같은 특종을 발견한 다른 기자가 먼저 기사를 쓰는 바람에 자신의 특종이 완전히 날아가 버릴 위험이 생긴다. 또 정치부 기자가 신문에는 좌파 정당의 비리를 추적하는 기사를 쓰면서 자기 트위터 계정에는 이 정당에 대해 호의적인 글을 쓴다면 기자의 진심은 무엇일까?

이처럼 언론과 트위터에 대한 의문점이 나타나자 각 언론 매체는 기자가 트위터를 비롯한 소셜 네트워크 서비스를 통해 얻은 자료를 사용할 때 지켜야 할 규정을 만들었다. 프랑스 통신사는 "프랑스 통신의 취재 기자나 편집자가 작업 도구로서 트위터를 사용할 때, 트위터의 역할은 필수적으로 진행되어야 하는 조사 작업이나 정보 검증 작업을 보충하는 보조 도구에 그쳐야 한다.”는 규정을 만들었다. 그래서 프랑스 통신의 기자는 트위터에 글을 쓸 때도 매우 엄격하고 신중한 태도를 유지해야 한다.

●연관 키워드

지하신문

지하신문은 언론인의 커다란 용기와 사회 참여의 본보기로 여겨진다.

Underground press

1940년 6월 22일 프랑스는 전쟁에 패배해 독일과 휴전 협정을 맺게 되었다. 그 뒤 나치 점령군과 비시 정권은 프랑스 영토 내의 말과 글을 엄격하게 검열하기 시작했다. '1881년 7월 29일 법'을 통해 선포되었던 언론의 자유는 끝났다.

기자들은 저마다 각자의 진영을 선택했다. 허가받은(혹은 대독 협력적인) 언론 매체를 택하는 기자도 있었지만 지하 신문을 선택한 기자도 있었다. 초기의 지하신문은 끝에 '복사해서 널리 퍼뜨릴 것'이라는 문구가 적힌, 손으로 쓰거나 타자기로 친 종이 몇 장이 전부였다. 그러나 레지스탕스가 커지면서 지하신문도 빠르게 조직화되기 시작했고, 1941년에 이르자 진짜 신문의 형태로 바뀌었다. 《콩바》《르 프랑 티뢰르》《데팡스 드 라 프랑스》《리베라시옹》《테무아냐주 크레티앵》……. 게다가 비시 정부가 금지한 프랑스 공산당 기관지《뤼마니테》와《라 비 우브리에르》도 은밀하게 다시 배포되었다.

어둠 속에서 활동하던 기자들은 다시 언론의 자유를 박탈당하는 상황에 놓이는 것을 피하기 위해 노력했다. 1943년 한 소규모 조직이 전국 레지스탕스 평의회(CNR, Conseil National de la Resistance)의 후원을 받아 언론에 관한 새로운 규정을 구상했다.

그 규정은 프랑스 해방 직후 '1944년 8월 22일 명령'과 '8월 26일 명령'으로 채택되어 오늘날에도 효력을 발휘하고 있다. 이 규정은 출판업에서 겸직을 금지하여 한 사람이 하나 이상의 신문사의 사장이 될 수 없게 하고, 출판 관련 기업이 지켜야 할 경영 투명성의 원칙도 명시한다. 이로써 더욱 굳게 결속된 언론사의 새 경영자들은 종이와 인쇄기 같은 생산 자원을 서로 공유하기까지 했다. 해방 뒤 신문 업계는 다시 꽃을 피웠다. 당시 28종의 전국 일간지와 165종의 지역 일간지가 발행되는 등 언론은 진정한 황금시대를 누렸다.

한국에도 유사한 일이 있었다. 1919년 3월 1일 독립 만세 운동이 전개된 뒤, 독립 운동가들은 우리에게도 검열 없이 자유롭게 발간할 수 있는 신문이 필요하다고 느꼈다. 곧 《조선독립신문》이 창간되었지만 첫 호 발간 직후 발행인이 체포되며 지하신문으로 변했다.

그 외의 지하신문으로는 《독립자유민보》 《진민보》 《국민신보》 《자유민보》가 있었다. 한국뿐만 아니라 독립 운동가가 활동하던 해외에서도 많은 지하신문이 나왔다. 남아있는 자료에 따르면 국내에 29종, 만주 13종, 러시아 5종, 중국 7종, 미국과 프랑스에서 5종이 발행되었다고 한다.

레지스탕스의 지하신문과 일제 강점기의 지하신문은 모두 당대의 지배 세력에 대항하기 위한 수단이었다는 공통점을 갖는다. 지배 세력의 입장에서 자신들에게 저항하는 지하신문은 눈

엣가시였다. 그래서 지하신문을 만드는 것은 매우 큰 용기가 필요한 일이었다. 지하신문을 만들다가 감시자에게 붙잡히면 고통스러운 취조와 고문을 당하고 감옥에 갇히기 일쑤였다.

오늘날에는 언론의 자유가 법으로 보장되어 있기 때문에 지하신문을 만들 필요가 없다. 현 정권을 비판하는 기사를 썼다는 이유로 여러분을 잡아갈 사람은 아무도 없다. 그러나 우리는 이러한 언론의 자유가 보장된 지 100년도 채 되지 않았다는 사실을 기억해야 한다. 그리고 언제나 누군가 이 소중한 언론의 자유를 침해하지 않는지 눈을 크게 뜨고 살펴야 한다. 언론의 자유가 보장되지 못하면 또다시 지하신문을 만들어야 할 수도 있으니까.

● **연관 키워드**

사건 · 사고 | 광고 | 홍보 담당자 | 이중 매체 | 블로거 | 단신 | 지역 신문 | **언론 재벌** | 의심 | 멸종 | 축제 | 프리랜서 기자 | 무가지 | 구텐베르크 | 벌집 | 수입 | **독립성** | 정보 전달 | 기자 | 정글 | 가판대 | **1881년 7월 29일 법** | 알베르 롱드르 | 매그넘 | 마케팅 | 탄생 | 뉴스 통신사 | 객관성 | 피플 | 프티 주르날 | 프레스 투어 | 자질 | 위험 | 풍자 | 특종 | 구독자 | 국가 보조금 | 땡땡 | 트위터 | 지하신문 | 노동조합 | 효용성 | 직업윤리 | 워터게이트 | 위키리크스 | 정보원 | 요미우리 신문 | 에밀 졸라

J 노동조합

한국에는 '한국기자협회'라는 언론 단체가 있는데, 약 1만여 명의 기자가 가입한 상태다. 언론 자유를 수호하기 위해 1964년 창립된 한국기자협회는 '전국언론노동조합'에 가입되어 있다.

Union

한국기자협회는 군사 정권의 언론 탄압과 검열을 저지하기 위해 창립되었다. 2012년까지 172개 언론사가 기자협회의 회원으로 가입했으며, 각각의 회원 언론사에 소속된 기자들이 기자협회에 가입하게 된다. 기자협회의 주요 활동으로는 언론 자유 수호 및 언론 민주화 운동, 기자상 시상, 기자 포럼 및 세미나 개최가 있다.

기자협회의 언론 자유 수호 운동은 1964년 정부에 맞서 언론의 자유를 쟁취하는 데 성공한 것을 시작으로 현재까지 이어지고 있다. 그 과정에서 기자협회에 소속된 기자들은 감옥에 갇히거나 해직되는 등 많은 고초를 겪었다. 하지만 그만큼 많은 가치를 지켜내는 데도 성공했다. 한 사람의 힘으로는 해내지 못했을 일을 한국기자협회라는 단체, 즉 여럿의 힘으로 이루어 낸 것이다. 또한 매달 '이달의 기자상'을, 매년 '한국기자상'을 시상하는데 우리나라 최고의 권위를 갖는 이 상은 많은 기자에게 좋은 기사를 쓰고자 하는 동기를 부여한다.

한국기자협회는 '전국언론노동조합'에 가입되어 있는 많은 단체 중 하나다. 전국언론노동조합은 약 1만 8천 명의 조합원으로 이루어져 있으며, 서울 신문/통신, 지역 신문, 출판·인쇄, 주간지/전문지/인터넷 매체, 서울 방송, 지역 방송, 언론 유관 단체를 모두 포괄한다. 국제기자노조연맹(IFJ, International Federation of Journalists)에 가입하여 활동하고 있으며, 우리 사회에서 언론 탄압이나 언론의 공공성을 해치는 일이 벌어지는 경우 총파업 같은 수단을 통해 투쟁한다. 2012년에도 공정보도를 위해 KBS, MBC, YTN, 연합뉴스,《국민일보》가 총파업을 벌였으며, 인터넷 독립 언론《뉴스타파》와《미디어오늘》을 제작한다.

한국의 기자 중 다수는 전국언론노동조합 같은 단체에 가입해 활동하고 있다. 기자가 노동조합에 가입하는 이유는 무엇일까? 기자는 이미 충분히 큰 힘을 가지고 있는 것 같은데 말이다. 언론은 엄청나게 큰 힘을 가지고 있고, 그렇기 때문에 정권은 언론을 자신들의 입맛에 맞게 이용하고 싶어 한다. 언론은 항상 자유와 독립성을 빼앗길 위험에 처해있다. 그래서 기자는 개인의 힘으로 맞서기 힘든 탄압에 '노동조합'이라는 세력을 형성해 맞선다.

프랑스 기자는 노동조합 활동에 약간 소극적인 편이다. 오히려 기자 연합의 형태로 단결하는 경우가 많다. 2008년에는 신문, 텔레비전, 라디오 등 다양한 종류의 매체를 통틀어 25개의 기자 연합이 활동했다. 기자 연합은 주로 언론사 경영진에 대항하는 견제 세력이나 기자의 독립성을 보호하는 역할을 한다.

공식 기관이라고 할 수 있는 기자 연합 외에 끼리끼리 모임을 조직하기도 한다. 특파원, 편집국장처럼 맡고 있는 직무 종류에 따라 모이거나 환경, 농업, 경제·금융, 종교, 사회, 국방, 관광, 식도락, 정치 등 전문 분야별로 모인다. 보통은 협회나 지지 모임의 형태로 모이는데, 모임을 통해 다른 기자와 교류하거나 특정 상황이 발생했을 때 힘을 모은다. 어쨌거나 자신의 동료가 어려움에 처했을 때 동료를 구해 내는 사람은 결국 기자 자신이니까.

● 연관 키워드

J 효용성

사람들은 왜 신문을 읽을까? 아마도 독자 수만큼이나 다양한 대답이 나올 것이다.

Utility

신문을 읽고자 하는 사람들의 욕망은 신문에 실린 내용과 관련되어 있다. 독자의 기대와 욕망을 충족시켰는지에 대한 책임은 결국 기자가 쓰는 기사에 있다는 말이다. 신문의 효용성을 더 자세히 들여다보기 위해 신문에게 마이크를 넘겨 보자. 신문이라는 물건이 말을 할 수 있게 된다면 아마도 이렇게 말할 것 같다.

"나는 독자에게 실질적으로 도움이 될 만한 정보를 알려 준다. 나는 다음 선거에서 어떤 후보에 동그라미를 쳐야 할지 결정하는 데 내 도움을 받고 싶어 하는 독자를 만족시킨다. 그리고 이번 주 토요일 23시부터 일요일 아침 6시까지 A10번 고속도로가 임시 차단될 거라는 사실을 예고해 주기도 한다."

"나는 독자를 꿈꾸고 전율하게 만든다. 독자를 아타카마 사막으로 데려가고, 기사를 끝까지 읽었을 때는 정말 그 사막에 간 것 같은 느낌을 갖게 만든다. 또 어떤 독자는 나의 기사를 보면서 지구 반대편에서 열리고 있는 공화당 전당 대회에 직접 참석하고 있는 기분을 느낀다."

"나는 독자가 원하는 교류 집단을 찾을 수 있게 돕는다. 노년 모임, 청년 모임, 요리 모임, 유기농 텃밭 가꾸기 모임……."

"나는 독자의 거울이다. 나는 독자의 패션에 대해, 육아에 대해, 일에 대해, 사는 지역에 대해 이야기한다."

"나는 독자에게 더 많은 것을 이해할 수 있는 가능성을 열어 준다. 이제 독자는 인터넷을 통해서 공식 발표문이나 보도 자료 원문을 자유롭게 열람할 수 있게 되었다. 나는 그 이상을 보여 주어야 한다. 나의 차별화된 가치는 독자가 세상을 더욱 잘 이해할 수 있게 하고 각자 자신만의 결정을 내릴 수 있게 돕는 깊이 있는 정보를 제공하는 데 있다."

"나는 사회의 인식을 일깨워 준다. 독자는 사회 정의가 제대로 작동하지 않거나 특정 기업이 부정행위를 일삼을 때 내가 제대로 고발해 주리라고 믿고 있다. 나야말로 국가의 3대 권력인 행정권, 입법권, 사법권에 대항할 수 있는 제4의 권력이다."

물론 이러한 가상 대답은 언론의 자유가 보장된 나라에서만 가능한 일이다. 언론의 자유가 제대로 보장되지 않는 나라에서 신문은 어떻게든 국민들을 복종시키기 위해 집권 세력을 홍보하고, 자유롭게 선택할 수 있는 여러 길이 아니라 단 하나의 길만을 보여 주니까.

● 연관 키워드

사건·사고 | 광고 | 홍보 담당자 | 이중 매체 | 블로거 | **단신** | 지역 신문 | 언론 재벌 | 의심 | 멸종 | 축제 | 프리랜서 기자 | 무가지 | 구텐베르크 | 벌집 | 수입 | 독립성 | **정보 전달** | 기자 | 정글 | 가판대 | 1881년 7월 29일 법 | 알베르 롱드르 | 매그넘 | 마케팅 | 탄생 | 뉴스 통신사 | 객관성 | 피플 | 프티 주르날 | 프레스 투어 | 자질 | 위험 | 풍자 | 특종 | **구독자** | 국가 보조금 | 땡땡 | 트위터 | 지하신문 | 노동조합 | 효용성 | 직업윤리 | 워터게이트 | 위키리크스 | 정보원 | 요미우리 신문 | 에밀 졸라

직업윤리

기자라는 직업에 요구되는 윤리 규범은 언론법이라는 문서로 규정되어 있지 않다.

기자와 홍보 담당자가 함께 점심을 먹으면 계산은 누가 해야 할까? 기자회견이나 홍보회를 통해 수시로 제공되는 선물은 그냥 받아도 될까? 이 두 가지 질문에 대한 해답은 법률 규정 속에서 찾을 수 없다. 기자는 스스로 자신만의 행동 강령을 정해 두고 그에 따른다. 어떤 기자는 이렇게 말했다.

"어쨌든 내가 돈을 더 많이 내는 쪽이어야 한다. 빚지는 일은 피하려고 하는 편이다. 상대방과 단둘이 밥을 먹었다면 내가 사거나 적어도 내가 먹은 만큼은 낸다. 정기적인 모임에서 밥을 먹을 때는 내가 사거나 차례대로 돌아가면서 돈을 낸다."

기자는 다양한 이해관계의 충돌에 따른 갈등 상황에 처하는 경우가 많다. 예를 들어 문화의 중심부를 맴도는 문화부 기자는 일의 특성상 영화감독이나 예술가와 친구가 되기 쉽다. 그러다 보면 그들을 '편드는 기사'를 쓰게 될 수도 있는데, 그럴 때 기자는 자신의 친구에 대한 기사를 써도 될까? 물론 법적으로는 아무런 문제가 없다. 하지만 신뢰성의 측면에서는 한번 고민해 볼 문제다. 이 문제에 대해서도 기자는 보통 자신만의 지침을 가지고 있다. 또 한 기자는 이렇게 답했다.

"나와 너무 가까운 사람에 대한 기사는 쓰지 않는다. 친구가 전시회를 열면 편집 회의 때 그 전시회에 대한 언급은 하지만, 내가 그 작가를 잘 안다는 이야기는 하지 않는다. 작가가 내 친구라는 이유로 기사를 내는 일은 원하지 않기 때문이다. 물론 기사를 쓸 만한 전시회라서 기사를 내는 것은 괜찮다. 그리고 만에 하나 편집 회의에서 그 전시회 건이 채택되더라도 절대로 내가 직접 기사를 쓰지는 않는다."

이렇듯 기자는 각자 자신만의 규칙을 가지고 있다. 어떤 나라에는 공식적인 직업윤리 규범이 있다. 제1차 세계 대전이 끝난 뒤의 유럽 언론은 완전히 신용을 잃은 상태였다. 각국 신문이 자국에 유리한 전쟁 기사를 싣기에 바빴기 때문이다. 기자라는 직업의 기틀을 정립할 규범이 시급한 상황이었다. 1918년 프랑스

신문 윤리 강령

한국에는 1957년 한국신문윤리위원회에서 채택한 '신문 윤리 강령'이 있다. 이 강령은 언론의 자유, 언론의 책임, 언론의 독립, 보도와 평론, 개인의 명예 존중과 사생활 보호, 반론권 존중과 매체 접근의 기회 제공, 언론인의 품위와 관련된 내용을 담고 있다.

이에 따르면 언론인은 "대내외적인 모든 침해, 압력, 제한으로부터 언론의 자유를" 지켜야 한다. "사실의 전모를 정확하게, 객관적으로, 공정하게 보도"해야 하며, 이 과정에서 "개인의 명예를 훼손"하거나 사생활을 침해해서는 안 된다.

는 최초의 '프랑스 기자 헌장'을 제정했다. 이 헌장은 1938년에 한 번 개정되었다. 프랑스 기자 헌장은 1971년 유럽 언론인들이 공동으로 채택한 '언론인의 의무와 권리에 대한 선언', 이른바 뮌헨 헌장의 전신이기도 하다. 이 헌장을 존중할 법적 의무는 없다. 하지만 이 헌장은 여전히 일종의 지침서로 여겨진다.

워터게이트

두 기자의 악착같은 취재는 어떻게 현직 미국 대통령을 사퇴하게 했을까?

Watergate

사건은 1972년 6월 17일 밤에 시작되었다. 다섯 명의 침입자가 미국 워싱턴 중심부의 거대한 호텔 건물인 워터게이트 빌딩에서 체포되었다. 평범한 절도 사건이었을까? 그렇지 않았다. 다섯 침입자가 발견된 곳이 미국 민주당 전국 위원회 사무실이었던데다가, 당시 그들이 많은 현금과 도청 장치를 가지고 있었기 때문이다.

그해 미국 공화당의 리처드 닉슨 대통령은 재선에 도전하여 선거를 준비 중이었다. 벌써부터 무언가 냄새가 난다. 다섯 명의 침입자는 닉슨 대통령을 위해 일하는 측근이었다. 그들은 민주당이 대선 운동에 관한 회의를 하는 장소마다 도청기를 설치하는 임무를 맡은 사람들이었다. 이 사건은 평범한 절도 사건이 아니라 정치 스파이 추문이었던 것이다!

이 이야기는 《워싱턴 포스트》의 두 기자 밥 우드워드와 칼 번스타인의 활약 덕에 정의의 승리로 끝났다. 두 기자는 애초부터 범인의 자백을 한 마디도 믿지 않았다. 우드워드와 번스타인은 엄청난 양의 조사를 시작했다. 전화통에 불이 나게 전화를 하고, 사람들을 만나며 숨어 있는 진실을 찾아 나섰다. 결국 그들의 열정은 보답을 받았다. 다섯 명의 침입자와 닉슨 재선 위원회 사이의 관계가 드러났다! 그러나《워싱턴 포스트》에 닉슨의 스파이 공작을 고발하는 기사가 수도 없이 실렸음에도 1972년 11월 7일 닉슨은 의기양양하게 재선에 성공한다.

두 기자는 거기에서 포기하지 않았다. 그들의 취재는 익명의 정보 제공자의 도움을 받아 또 다른 국면을 맞이했다. 이때 제보자가 사용했던 가명 '딥 스로트(Deep throat)'는 지금도 '내부 고발자'라는 뜻으로 언론 용어 사전에 등재되어 있다(원래 '딥 스로트'는 당시 유행했던 포르노 영화의 제목이라고 한다).

두 기자는 제보자의 도움을 받아 워터게이트 사건의 이면을 밝혀냈음은 물론이고 닉슨의 대대적이고 조직적인 스파이 공작 실태를 만천하에 드러낼 수 있었다. 그리고 2005년 5월 31일, 잡지《베니티 페어》가 오랫동안 베일에 싸여 있던 '딥 스로트'의 정

게이트

워터게이트 사건 이후 '게이트'는 정치·경제 스캔들을 칭하는 일반적인 접미사로 쓰인다. 게이트의 예로는 이란게이트(로널드 레이건 미국 전 대통령이 연루되었다는 의혹이 있었던 니카라과 무기 밀매매 사건), 모니카게이트(빌 클린턴 미국 전 대통령과 연관된 섹스 스캔들), 앙골라게이트(프랑수아 미테랑 프랑스 전 대통령과 샤를 파스콰 전 내무장관이 연루되었던 앙골라 불법 무기 거래 사건), 루비게이트(실비오 베를루스코니 이탈리아 전 총리가 연루된 성추문 스캔들)가 있다.

체를 밝혔다. 딥 스로트는 바로 닉슨 대통령 재임 시절 미 연방 수사국(FBI) 부국장이었던 마크 펠트였다!

우드워드와 번스타인은 1973년에 언론계의 권위 있는 상인 퓰리처상을 받았다. 하지만 그들에게 퓰리처상 수상보다 더 궁극적인 보상은 1974년 8월 8일 닉슨 대통령의 사임이었다.

●연관 키워드

사건 · 사고 | 광고 | 홍보 담당자 | 이중 매체 | 블로거 | 단신 | 지역 신문 | 언론 재벌 | 의심 | 멸종 | 축제 | 프리랜서 기자 | 무가지 | 구텐베르크 | 벌집 | 수입 | 독립성 | 정보 전달 | 기자 | 정글 | 가판대 | 1881년 7월 29일 법 | **알베르 롱드르** | 매그넘 | 마케팅 | 탄생 | 뉴스 통신사 | 객관성 | 피플 | 프티 주르날 | 프레스 투어 | 자질 | 위험 | 풍자 | 특종 | 구독자 | 국가 보조금 | 땡땡 | 트위터 | 지하신문 | 노동조합 | 효용성 | 직업윤리 | 워터게이트 | 위키리크스 | **정보원** | **요미우리 신문** | 에밀 졸라

위키리크스

Wiki Leaks

줄리언 어산지가 2006년에 개설한 이 웹 사이트는 과연 저널리즘에 속한다고 할 수 있을까? 저널리즘의 신조는 한 가지다. 정보의 자유!
2006년 오스트레일리아의 줄리언 어산지는 정부의 비밀문서와 군사기밀 등을 공개하기 위한 전문 사이트를 개설했다. 바로 '위키리크스'다.

Wiki Leaks

위키리크스도 위키피디아처럼 '위키의 원칙'에 따라 운영된다. 위키의 원칙에 따르면 사용자는 언제든지 직접 페이지 내용을 수정하고 추가할 수 있다.

그렇다면 우리는 위키리크스에서 어떤 정보를 볼 수 있을까? 'Leak'라는 영어 단어가 뜻하듯 '새어 나온' 정보를 볼 수 있다. 즉 위키리크스는 익명의 협력자와 네티즌의 정보망을 이용해 일급 기밀 자료를 모든 사람이 볼 수 있도록 공개한다.

위키리크스는 정보 제공자의 정체를 보호하고 사용자 개개인의 익명성을 보장한다. 그만큼 예민한 정보를 다루기 때문이다. 예를 들어 위키리크스에는 이라크 주둔 미국 군인의 민간인 고문이나 아프가니스탄 전쟁 보고서, 핵 개발 보고서 같은 정보가 공개되었다. 위키리크스의 제작자인 줄리언 어산지는 위키리크스가 '대중을 위한 정보 안내소'라고 설명했다.

하지만 모두가 위키리크스를 반기지는 않는다. 위키리크스의 운영은 베일에 싸여 있다. 주요 운영자들은 사무실도 없이 영문 이니셜로 이름을 대신하며 활동하고, 제작자 줄리언 어산지는 이 나라에서 저 나라로 도망 다니는 중이다. 줄리언 어산지와 함께 일하는 사람이 누구인지도 전혀 알 수 없다. 게다가 어산지라는 인물에 대해서도 논란의 여지가 있는데, 그는 2010년 스웨덴에서 강간 및 성폭행 혐의로 기소된 바 있다. 줄리언 어산지는 아직까지 외부에 대한 경계를 풀지 않고 거의 편집증적으로 자신의 흔적을 남기지 않으며 살고 있다. 하지만 아이슬란드에서는 달랐다. 어산지는 아이슬란드를 언론 자유의 마지막 피난처로 여기고 그곳에 '선샤인 프레스'라는 회사를 설립하기도 했다.

위키리크스의 가치는 무엇일까? 2010년 세계 유수의 일간지 다섯 곳 《르 몽드》《파이스》《가디언》《뉴욕타임스》《슈피겔》이 위키리크스가 공개한 외교 전문을 싣고 간접적으로 위키리크스를 지지하는 태도를 보였다. 하지만 이후 줄리언 어산지가 미 국무부의 외교 전신을 무삭제로 공개하기로 하면서 언론사와 위키리크스의 관계는 악화되었다. 언론사가 문서에 등장하는 인사들

위키리크스의 정보 제공자

25세의 전 미국 군인 브래들리 매닝은 위키리크스가 폭로한 미국 군사 기밀 자료의 정보 제공자로 지목되어 기소되었다. 매닝은 2009년 11월부터 2010년 5월까지 이라크 전쟁과 아프가니스탄 전쟁에 관한 엄청난 규모의 미국 군사 기밀 자료와 26만 건의 국무부 외교 전문을 위키리크스에 전송한 것으로 밝혀졌다. 브래들리 매닝은 간첩으로 간주되었고, 적과의 내통 혐의로 35년 형을 선고받았다.

의 신변을 우려했기 때문이다. 정보 공개도 중요하지만 그것만이 최우선은 아니다. 이는 위키리크스의 창립자 어산지 또한 머리에 새겨야 할 교훈이다. 위키리크스가 투명하고 열려 있으며 참여적인 저널리즘, 정보의 수집과 조직에 기반을 둔 데이터 저널리즘의 문을 활짝 연 것은 사실이다. 하지만 새로운 방식을 추구하다가 개인의 삶에 대한 존중과 정보 제공자의 신변 보호라는 저널리즘의 본질적인 가치를 잊어서는 곤란하다.

● 연관 키워드

사건 · 사고 | 광고 | 홍보 담당자 | 이중 매체 | 블로거 | 단신 | 지역 신문 | 언론 재벌 | 의심 | 멸종 | 축제 | 프리랜서 기자 | 무가지 | 구텐베르크 | 벌집 | 수입 | 독립성 | 정보 전달 | 기자 | 정글 | 가판대 | 1881년 7월 29일 법 | 알베르 롱드르 | 매그넘 | 마케팅 | 탄생 | 뉴스 통신사 | 객관성 | 피플 | 프티 주르날 | 프레스 투어 | 자질 | **위험** | 풍자 | 특종 | 구독자 | 국가 보조금 | 땡땡 | 트위터 | 지하신문 | 노동조합 | 효용성 | **직업윤리** | **워터게이트** | 위키리크스 | 정보원 | 요미우리 신문 | 에밀 졸라

정보원

정보는 어디에서 나올까? 정보원의 비밀을 파헤쳐 보자. 이제 우리는 자그마한 쥐가 되어서 교육 분야 전문 기자 마리를 미행한다.

Mr. X

마리는 우선 공식적인 정보원을 통해 정보를 얻는다. 공식적인 정보원으로는 교육부, 학부모 협회, 전국 교사 조합, 교육부처 공무원 조합이 있다. 마리는 공식 보도 자료를 받아 보고, 기자 회견에 참석하고, 교육부 장관을 따라가서 취재한다.

마리는 자기만의 인맥에 기대기도 한다. 교사, 학교의 양호 교사나 심리 상담 교사, 각종 기관장, 학부모, 학생…… 특히 공식적인 정보원 중에서도 좀 더 특별한 관계를 맺은 사람은 공식 보도 자료가 나오기 전에 미리 이런저런 사건이 있을 거라고 귀띔해 주고는 한다.

이들의 연락처는 전부 마리의 연락처 파일에 세심하게 저장되어 있다. 연락처가 많다고 해서 좋은 연락처 파일은 아니다. 차이를 만드는 것은 연락처의 품질이다. 마리는 어떤 뉴스나 사건에 대해 기사를 쓸 때 내용을 더욱 풍부하게 하려면 누구를 찔러보아야 하는지 아주 정확히 알고 있다. 그것이야말로 마리의 기사를 다른 기자의 기사와 차별화하는 무기다.

마리는 매일 최대한 많은 양의 정보를 주시하려고 노력한다. 교육 분야를 다루는 라디오를 듣고, 텔레비전을 보고, 뉴스 통신사의 속보를 읽고, 교육에 특화된 다양한 뉴스레터를 받아 보고,

트위터에서 도움이 될 만한 계정을 선별해 팔로우하고, 블로그를 찾아 본다. 물론 일반적인 문화 이슈도 놓치지 않고 살핀다.

마지막으로 마리가 기댈 수 있는 요소는 그녀만의 통찰력과 호기심이다. 기자는 절대로 '멈춤' 상태에 머물러서는 안 된다. 지하철에서, 길에서, 아이들이 다니는 학교 정문 앞에서, 기자는 언제나 아주 작은 실마리를 제공할 정보원을 만나지 않을까 기대하며 매복한다. 진정한 '아이디어 머신'이 되는 것이다!

익명의 취재원 X

취재원은 기자에게 자신의 정체를 뉴스나 기사에 밝히지 않겠다고 요구할 수 있다. 그러면 기자는 기사에 '마리 씨의 말에 의하면,'이라고 쓰는 대신 '정확한 정보원에 의하면,'이나 '관련된 인물에 따르면,'으로 쓰게 된다. 기자는 취재원의 정체에 대한 비밀을 지킬 법적인 의무가 있다. 공공의 이익을 위해 불가피한 경우를 제외하면 정보원에 관한 비밀은 꼭 지켜야 한다.

● **연관 키워드**

사건 · 사고 | 광고 | 홍보 담당자 | 이중 매체 | 블로거 | 단신 | 지역 신문 | 언론 재벌 | 의심 | 멸종 | 축제 | 프리랜서 기자 | 무가지 | 구텐베르크 | 벌집 | 수입 | 독립성 | **정보 전달** | 기자 | 정글 | 가판대 | 1881년 7월 29일 법 | 알베르 롱드르 | 매그넘 | 마케팅 | 탄생 | 뉴스 통신사 | 객관성 | 피플 | 프티 주르날 | 프레스 투어 | **자질** | 위험 | 풍자 | 특종 | 구독자 | 국가 보조금 | 땡땡 | 트위터 | 지하신문 | 노동조합 | 효용성 | 직업윤리 | **워터게이트** | 위키리크스 | 정보원 | 요미우리 신문 | 에밀 졸라

요미우리 신문

매일 1000만 부씩 발행되는 《요미우리 신문》은 세계에서 가장 발행 부수가 많은 신문이다. 《요미우리 신문》의 발행 부수는 기네스 기록에 등재되었다.

讀賣新聞

얼마나 도도한 기록인가! 유럽과 미국의 일간지 발행 부수는 냉혹하게 줄어가는데 일본의 한 일간지는 철옹성처럼 발행 부수를 유지하고 있다. 어떻게 일본에서는 일간지가 이렇게 큰 성공을 거두었을까?《요미우리 신문》프랑스 지국의 미나 미츠이 국장은 두 가지 이유를 들었다. 첫째로, 일본인은 지역 일간지를 읽을지 전국 일간지를 읽을지 고민하지 않고 두 가지 다 구독한다! 둘째로 일본의 일간지는 뉴스 전달을 우선시하고 논평이나 비평이 거의 없다고 한다. 비평을 중시하는 서양의 신문과는 꽤 다르다.

《요미우리 신문》의 인기는 1874년 창간 해부터 시작되었다. 《요미우리 신문》의 성공 요인은 우선 특유의 편집 방향에 있다. 뜨거운 감자인 시사 이슈와 국민 생활과 가까운 주제를 교묘하게 잘 섞어 내었다. 당시 다섯 집에 한 집은 구독하고 있었던《요미우리 신문》은 세대를 막론하고 모든 사람의 입맛에 맞았다. 일하는 남편, 가정주부(사실 신문 구독을 주도하는 사람은 대체로 가정주부다), 은퇴하신 노부모님까지. 신문의 앞쪽에서는 나라 안팎의 굵직한 뉴스를 전달했고, 뒤쪽 절반 정도는 의학 정보나 자녀 교육에 대한 정보로 채워졌다. 물론 스포츠 페이지를 빼놓을 수 없다. 특히 일본에서 인기 있는 야구에 대한 기사는 항상 《요미우리 신문》의 지면을 차지한다. 최근 《요미우리 신문》은 거의 공공 서비스처럼 뉴스를 전달하는 일에 나서서 공리적인 성격까지 갖게 되었다. 일본에서 쓰나미와 후쿠시마 원전 사고가 발생했을 때 이재민이 쉽게 정보를 얻을 수 있도록 자진하여 특별판을 만들어 한동안 무료로 발행한 것이다.

《요미우리 신문》의 인기는 세계에서 유일한 그들만의 배급 시스템에 기인하는 면도 있다. 《요미우리 신문》 전체 구독자의 90퍼센트 이상은 집으로 신문을 배달해서 받아 보는데, 심지어 하루에 두 번 받는다. 아침에는 요미우리 조간신문을 받고 저녁에는 요미우리 석간신문을 받으니까(일요일에는 조간만 발행된다)! 그 많은 발행 부수를 소화하기 위해 《요미우리 신문》은 28개의 인쇄소와 8,000개의 보급소, 10만 명의 오토바이 배달원 군단을 거

아시아 언론 발전의 이유

아시아 언론은 수년 전부터 눈에 띄게 발전하고 있다. 이러한 현상은 아시아의 경제 성장이 문맹률 감소로 이어졌기 때문이다. 일본의 일간지 요미우리, 아사히, 마이니치 신문이 각각 세계의 일간지 발행 규모 1, 2, 3위를 차지했다. 중국, 인도, 한국의 일간지도 세계 100대 신문 순위에서 상위 25퍼센트 안에 자리하고 있다.

느리고 있다.

《요미우리 신문》 성공의 마지막 요소는 이것이다. 요미우리는 멀리 바라본다. 그들은 어린이가 신문 구독에 눈뜨게 하는 일이 얼마나 중요한지 일찌감치 깨달았다. 매주 토요일 저녁 일본의 어린 새싹들은 어린이를 위해 특별히 편집된 6면짜리 신문을 읽는다. 바로 《요미우리 어린이 신문》이다. 다른 나라의 성인 일간지는 《요미우리 신문》처럼 어린 독자를 위한 선물을 따로 만들려는 시도를 한 적이 없다.

에밀 졸라

"(…)진실은 행군하고 있고, 아무도 그 길을 막을 수 없다. (…) 나는 비오 장군을 고발한다. 그는 드레퓌스가 결백하다는 명확한 증거를 손에 쥐고 있었으면서도 그것을 은폐했다. (…)"

에밀 졸라의 고발하는 욕조

Zola

1898년 1월 13일 에밀 졸라는 펠릭스 포르 당시 프랑스 대통령 앞으로 공개서한을 작성했다. 그리고 이 위대한 작가는 일간지《로로르》에 글을 실어 프랑스 사법부의 잘못된 판결을 규탄했다. 그로부터 4년 전, 프랑스 사법부가 알자스 출신의 유대인인 군인 알프레드 드레퓌스를 반역죄로 몰아 영구 추방하고 악마의 섬 기아나로 유배 보냈기 때문이다.

1863년부터 작가로서 성공을 거둔 에밀 졸라는 다양한 언론사에 단편 소설이나 연재소설을 발표하던 문학 작가였다. 동시에 에밀 졸라는 정치와 관련된 언론 활동을 하고 기득권과 모든 종류의 불의를 공격하는 데 두려움 없이 앞장섰다. 그런 그가 1897년 말 드레퓌스 사건에 뛰어든 것은 어쩌면 당연한 일이다. 원래 에밀 졸라는 드레퓌스 사건에 대한 세 개의 기사를《르 피가로》에 실을 예정이었다. 그런데 두 번째 기사가 나간 뒤 기사에 대한 《르 피가로》독자의 원성이 높아졌고 결국 세 번째 기사는 실리지 못했다. 그러던 중 드레퓌스 사건의 진범은 무죄로 풀려났다. 격분한 에밀 졸라는 결국《로로르》의 편집장인 친구 에르네스트 보강에게 부탁해 대통령에게 보내는 공개서한을 발표했다.《로로르》에 발표한 공개서한이 바로 그 유명한 〈나는 고발한다〉다.

에밀 졸라는 이 글을 탐사 보도 기자가 기사를 쓰는 방식으로 썼다. 사건의 연대기를 정리하고, 모든 증거를 검증하고, 진범의 무죄 석방 사실에 대해 언급한 뒤, 고발할 대상을 차례로 나열했다. 〈나는 고발한다〉에는 장군, 필적 전문가, 국방부, 군사 법정 등 모든 사건 관련자와 기관이 하나도 빠지지 않고 언급되었으며, 그들 모두 호된 비판을 받았다.

드레퓌스 사건은 1894년 발생한 뒤 몇 년간 프랑스 전역을 뒤흔들었다. 이 사건으로 프랑스에서는 두 진영이 서로 찢어져 싸웠는데 한 쪽은 드레퓌스 재심 반대파, 즉 군국주의자, 유대인 배척주의자들이었고 다른 한 쪽은 진보주의자, 비종교주의자, 인종 차별 반대자를 포함한 드레퓌스 재심 요구파였다. 에밀 졸라의

미심쩍은 죽음

에밀 졸라의 글이 발표되고 3개월이 지난 뒤 프랑스에서 드레퓌스의 변호를 지지하고 모든 불의에 맞서 싸우기 위한 인권 연맹이 발족되었다. 하지만 에밀 졸라 자신은 용감했던 행동에 대해 아주 비싼 대가를 치르게 된다. 비방죄로 의회에 기소되어 징역 1년과 벌금 3천 프랑을 선고받은 것이다. 견디지 못한 에밀 졸라는 영국으로 망명을 떠났고 사법부는 그의 재산을 압류해서 경매에 부쳤다. 에밀 졸라를 우스꽝스럽게 그린 풍자만화가 나오는 등의 모욕을 받기도 했다. 그리고 에밀 졸라는 1902년 9월 29일 자신의 아파트에서 가스 질식으로 사망했다. 이것은 단순한 사고였을까, 아니면 잔인한 복수였을까?

공개서한이 발표된 날 《로로르》는 30만 부가 팔렸다. 결국 사법부는 수년이 지난 뒤에야 당국의 실수를 인정했다. 그 사이 드레퓌스는 기아나 섬으로 끌려가서 거의 죽어 가는 상태로 재심을 받지만 다시 유죄 판결을 받고, 다시 사면되었다가 결국 1906년에 완전히 복권되는 우여곡절을 겪었다. 에밀 졸라가 언론을 이용해 행했던 공격은 개인의 자유로운 의사 표현이 억압받는 상황에서 언론의 진정한 힘을 보여준 일화라고 할 수 있다.

● 연관 키워드

사건 · 사고 | 광고 | 홍보 담당자 | 이중 매체 | 블로거 | 단신 | 지역 신문 | 언론 재벌 | 의심 | 멸종 | 축제 | 프리랜서 기자 | 무가지 | 구텐베르크 | 벌집 | 수입 | 독립성 | 정보 전달 | **기자** | 정글 | 가판대 | 1881년 7월 29일 법 | **알베르 롱드르** | 매그넘 | 마케팅 | 탄생 | 뉴스 통신사 | 객관성 | 피플 | 프티 주르날 | 프레스 투어 | 자질 | **위험** | 풍자 | 특종 | 구독자 | 국가 보조금 | 땡땡 | 트위터 | 지하신문 | 노동조합 | 효용성 | 직업윤리 | 워터게이트 | 위키리크스 | 정보원 | 요미우리 신문 | 에밀 졸라

퀴즈

각 문제에는 답이 여러 개 있을 수 있다. 정답은 1점, 답을 모를 때는 0점, 틀리면 1점을 빼자. 공정하게 채점해야 한다!

01 최종 편집·교정 시간이다. 신문사 편집실에서는 어떤 일이 일어날까?

① 하루 업무가 끝났다. 모든 사람이 짐을 싸고 퇴근 준비를 한다.
② 신문을 만드는 마지막 작업 단계다. 편집국장은 편집된 신문을 마지막으로 한 번 더 읽느라고 책상에 코를 박고 있다.
③ 반항하는 기자들을 진정시키기 위해 하루에 한 번씩 의무적으로 지켜야 하는 침묵의 시간이다.

02 프랑스 신문에서 '곰' 이란 무엇일까?

① 척행동물이다.
② 동생이 좋아하는 봉제인형이다.
③ 신문 발행에 참여한 사람의 이름이 모두 실려 있는 작은 네모 칸이다.

03 인쇄기가 발명된 것은 언제일까?

① 15세기
② 17세기
③ 19세기

04 만일 편집국장이 '4매짜리 기사 써 와.'라고 한다면, 몇 글자짜리 기사를 써야 하는 것일까?

① 2,000자
② 800자
③ 150자

05 알베르 롱드르의 사망 원인은 무엇일까?

① 비행기 사고
② 선박 화재
③ 노화

06 프랑스의 '1881년 7월 29일 법'은 언론의 자유에 대해서만 다루고 있다.

① 진실
② 거짓

07 기자가 사무실을 이사할 때 하는 노동이 '부업'이다.

① 진실
② 거짓

08 최초의 뉴스 통신사를 만든
사람은?

① 프랑스인 샤를-루이 아바스
② 미국인 오손 웰스
③ 영국인 율리우스 로이터

09 한국기자협회는 몇 년도에
설립되었나?

① 1915년
② 1945년
③ 1964년

10 워터게이트 스캔들 때문에
사임해야 했던 미국 대통령은
누구인가?

① 존 피츠제럴드 케네디
② 빌 클린턴
③ 리처드 닉슨

정답

1. ② 2. ③ 3. ② 4. ② 5. ② 6. ② 거짓. 그 반대다! 7. ② 거짓. '부업'은 기자가 신문사 계약 외에 따로 보수를 받고 하게 되는 인터뷰나 강연 같은 외부 활동을 뜻한다. 8. ① 9. ③ 10. ③

-10~-4점
오늘부터 신문을 꼼꼼하게 읽는 연습을 해 보자.

-3~3점
언론 세계에 서서히 관심이 생기지?

4~10점
나중에 기자가 되거나 언론 단체에서 일하는 게 좋겠다!

이 책을 쓰는 동안에도 세계의 많은 일간지가 전자판만을 남기고 종이 신문 발행을 멈추기로 했다는 소식이 들려왔다. 고용자와 노동조합이 힘을 모아 노력했지만 이 결정을 되돌릴 수는 없었다. 과연 다음 차례는 어디일까? 결국 모든 일간지가 똑같은 운명을 겪게 될까? 각 신문사의 편집실마다 벌써 그렇게 예상하는 소리가 나오고 있다. 그렇다면 이러한 상황에서 기자의 일은 어떻게 될까? 기자라는 직업의 겉모습은 변화하겠지만 그 본질까지 바뀌지는 않을 것이다. 종이에서 웹으로 장소가 옮겨갔을 뿐, 기자가 하는 일의 기본 원칙은 똑같기 때문이다.

오늘날 독자는 정보의 홍수에 빠져 있다. 따라서 세계에서 일어나고 있는 수많은 사건과 정보를 걸러내고 해석해 줄 매개자가 어느 때보다 절실하다. 결국 기자의 일은 복잡해지는 한편 더욱 유용해졌다. 웹에서도 얼마든지 기자로 일할 수 있다. 물론 적절한 수단이 있다는 전제 하에 말이다. 컴퓨터 모니터를 통해 전달되는 언론이 높은 수준을 유지하려면 정보를 제대로 검증하고 분류할 수 있는 충분한 시간을 가진 '진짜' 기자가 필요하다. 기자라는 직업을 둘러싸고 있는 세계에는 지금 해야 할 일이 아주 많다. 하지만 그건 참 멋진 도전이다. 그렇지 않은가?

청소년 지식수다2

신문, 읽을까 클릭할까?

마리용 기요 지음 | 이은정 옮김 | 김민하 감수

초판 인쇄일 2014년 5월 12일 | 초판 발행일 2014년 5월 19일
펴낸이 조기룡 | 펴낸곳 내 인생의 책 | 등록번호 제10-2315호
주소 서울시 강서구 가양동 52-7 강서 한강자이타워 A동 306호
전화 (02)335-0449, 335-0445(편집) | 팩스 (02)6499-1165
전자우편 bookinmylife@naver.com | 카페 http://cafe.naver.com/thebookinmylife
편집장 이은아 | 책임편집 이민해 | 편집1팀 신인수 이지연 이다겸 김예지 | 편집2팀 박호진 진송이 조정우
디자인 최원영 심재원 | 경영지원 김지연 | 마케팅 이성민 서영광

LES DESSOUOS DE LA PRESSE
BY Marion Gillot & Nicolas Wild
Copyright ⓒ GULF STREAM EDITEUR (Saint-Herblain), 2012
Korean translation copyright ⓒ TheBookinMyLife Publishing Co. Ltd., 2014
All rights reserved.
This Korean edition was published by arrangement with
GULF STREAM EDITEUR (Saint-Herblain)
through Bestun Korea Agency Co., Seoul

이 책의 한국어판 저작권은 베스툰 코리아 에이전시를 통해
저작권자와의 독점계약으로 도서출판 내인생의책 에 있습니다.
저작권법에 의해 한국 내에서 보호를 받는 저작물이므로 무단전재와 무단복제를 금합니다.

ISBN 978-89-97980-99-4 44300
ISBN 978-89-97980-93-2 44300(세트)

이 도서의 국립중앙도서관 출판시도서목록(CIP)은 서지정보유통지원시스템 홈페이지(http://seoji.nl.go.kr)와
국가자료공동목록시스템(http://www.nl.go.kr/kolisnet)에서 이용하실 수 있습니다.
(CIP제어번호: CIP2014014050)
책값은 뒤표지에 있습니다. 잘못된 책은 구입처에서 바꾸어 드립니다.